湛庐CHEERS

与最聪明的人共同进化

HERE COMES EVERYBODY

长期的基石

The Cornerstone of Fund Investment

芮萌 著

中国财经出版传媒集团
中国财政经济出版社

推荐序

世间多少好答案，在苦等一个好问题

中欧基金管理有限公司

很荣幸，与中欧国际工商学院知名教授芮萌一起完成了历时两年，总共26期《长期与专业》（本书内容相应的视频节目名）节目的长跑录制，并携手走到书籍出版，将精华内容落于纸面的最后一步。

如同书名《长期的基石》，资产管理公司一向倡导长期投资，背后的基石是，团队相信唯有基于长期基本面价值投资理念，才能收获长期稳健的投资业绩。这本书的内容也是对中欧基金核心投资管理团队践行长期基本面价值投资理念的最好体现。

犹记得，那是2020年一个炎热的夏日，中欧基金的同事和芮萌教授在他的办公室里讨论，如何一起策划关于发挥学者和专业投资者双重优势，共创面向普通受众，分享长期投资理念的精品内容。我们觉得有两类人去诠释长期主义再合适不过，分别是已有业绩验证的投资大师和优秀企业的经营管理者，于是他们也成为我们策划内容的核心主题。

虽然市面上关于投资大师和企业创始人的采访报道并不鲜见，但往往因为采访者身份的不同，所以内容呈现的视角也不尽相同，而这也是我们这档节目和这本书的独特看点：由专业的商学院教授和机构投资者来共话长期主义的价值。

芮萌教授是中欧国际工商学院金融与会计学教授，以及鹏瑞金融学教席教授，也是专业的特许财务分析师和特许风险管理师，中欧财富管理研究中心主任，深耕财富管理行业教学二十余年。我们认为他是关于长期投资理念最好的发问者。

有发问者，必有答案的诠释者。这其中，既有见证中国公募基金行业成长的中欧基金高管窦玉明、刘建平、许欣，也有一线投研经验丰富的投资总监王培、王健、卢纯青、黄华、李彤、周应波（现已履新），财富管理部总监周小鹏等，还有日常勤于调研和思考的中生代基金经理代表郭睿、罗佳明、许文星，投资经理代表李欣、余科苗、李维等，他们心目中对于优秀投资大师和企业家的标准各不相同，垒在一起成了长期的基石。

有人说：世间多少好答案，在苦等一个好问题。本书中的精彩内容对这句话的诠释恰如其分，在芮萌教授专业而深入的发问中，中欧基金的受访嘉宾没有保留，畅所欲言，近20万字书稿凝结了芮萌教授二十余年的财富管理教学经验，以及中欧基金核心经营和投研团队对于长期主义的深刻见解。

最后，感谢过去两年，芮萌教授在繁重的教学工作间隙，全情参与采访内容的拍摄和制作，他与上述中欧基金嘉宾进行了累计长达 20 小时的面对面交流，进行智慧火花的碰撞，他不仅对最终成书的内容进行筛选编排，还增补了很多因节目时长有限而未能分享的精彩内容。同样感谢本书相应的视频节目《长期与专业》内容拍摄和制作方大堪忍风文化发展（上海）有限公司，感谢他们在策划本书过程中的辛勤付出。感谢中欧基金副总经理兼任中欧国际工商学院中欧校友金融与投资俱乐部（上海）秘书长许欣、财富管理部张芊芊、品牌营销部李晔斌在过去两年间为节目的推出和书籍的出版做出了诸多贡献。

序　言

聚焦长期业绩，专注主动投资

据万得资讯数据统计，2021年中国全年新成立公募基金1 898只，超过2020年全年的1 378只，再次创下历史新高；全市场公募基金分红规模达到2 971.43亿元，同样创下历史新高。越来越多的投资者通过投资基金进行财富管理，这在一定程度上缓解了他们无处安放的理财焦虑。与此同时，一些投资者急于求成的心态催生出“七日炒基法”等违背常理的投资方法，导致“基金赚钱，基民不赚钱”的现象在市场上愈演愈烈。其背后的深层原因，总结起来就是投资者容易落入持有周期较短、盲目择时、追逐热点、迷信“冠军基”等误区。

“基金赚钱，基民不赚钱”背后的原因

持有周期较短

根据中国证券投资基金业协会发布的《全国公募基金市场投资者状况调查报告（2020年度）》（以下简称《调查报告》）的统计（如图0-1所示），2020年度投资者持有基金的周期虽较往年有所上升，但仍有44.1%的投资者持有单只公募基金的平均时间不超过1年。其中，持有期少于6个月的占比为12.0%，较2019年度的11.4%有所增加，6个月到1年的占比为32.1%。只有21.0%的投资者持有单只公募基金的时间会超过3年，其中持有时间为3～5年和5年以上的投资者的占比分别为11.5%和9.5%。

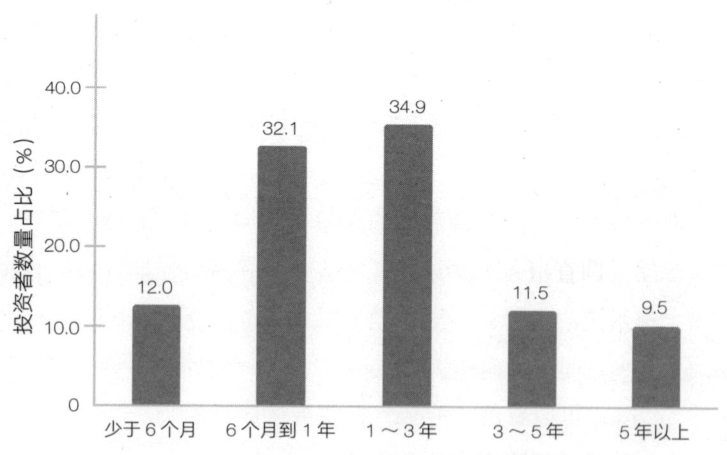

图0-1　2020年度公募基金不同投资期限的投资者数量占比

如表 0-1 所示，有研究发现，在过去 5 年，如果持有一只偏股型基金半年或者 125 个交易日，那么能够获利的概率平均来看只有 74.39%，也就是说投资者有 25% 左右的概率要亏钱。持有 1 年时间的盈利情况没有明显改善，只有当投资者的持有时间超过 2 年时，胜率才会明显站在投资者这一边，基金胜率中位数可以达到 80% 以上。

表 0-1 持有期盈利概率

	半年盈利概率（%）	1 年盈利概率（%）	2 年盈利概率（%）
中位数	74.39	75.12	80.22
最高 10%	84.47	90.60	100.00
最低 10%	59.77	52.60	39.95
最高 25%	80.02	82.17	95.98
最低 25%	66.49	64.45	53.05
沪深 300 指数	75.13	75.81	82.23
上证 50 指数	75.48	78.94	93.90
创业板	51.75	41.33	39.43

盲目择时

根据《调查报告》的统计（如图 0-2 所示），投资者中认为购买公募基金的时机为“大盘正下跌，有抄底机会”的占比最大，达到 66.8%，而认为时机为“大盘正上涨，看好市场情形”的占比为 44.5%。可以看出，有更多投资者倾向于在具有一定风险的行情中冒险寻找投资机会。

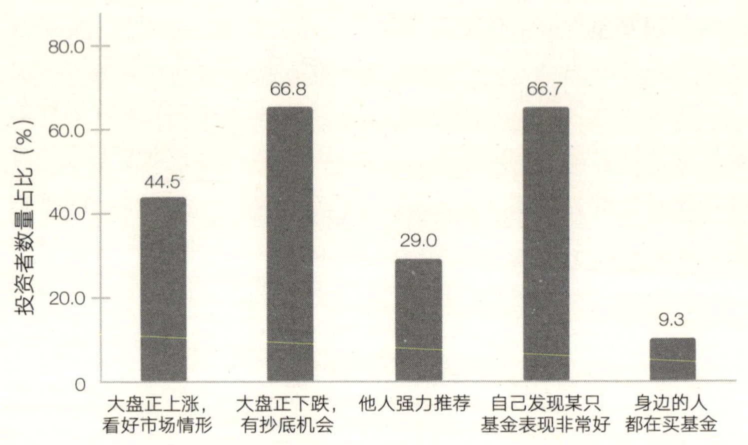

图 0-2　投资公募基金的不同时机下投资者数量占比

追逐热点

不少投资者喜欢追逐市场热点，“新基建”“碳中和”“元宇宙”等新热点充斥着市场，投资者就不断地切换赛道。然而市场的热点总在快速转换，当某个主题或行业成为热点时，相关股票的价格往往已经处于高位，这时候如果投资者再买入，那么股价无疑会出现回撤。我们对 2020—2021 年 8 个季度中所有中信一级行业的涨跌幅进行了统计，涨幅最大的行业依次是农林牧渔、消费者服务、国防军工、有色金属、钢铁、电力设备及新能源、煤炭和传媒。可以明显地看到，其中没有一个行业重复出现过。

迷信“冠军基”

根据《调查报告》的统计，如图 0–3 所示，投资者选择公募基金时首先要考虑的因素是基金的业绩表现，其次是基金经理排名及投资能力（图 0–3 右侧是投资者给每个因素打分的平均值，最高分为 5 分）。

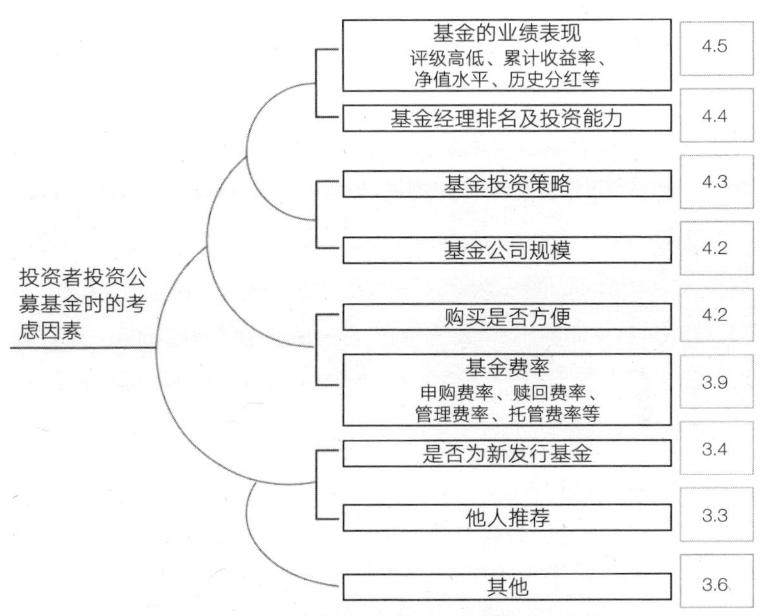

图 0–3　投资者投资公募基金时的考虑因素

这些误区往往代表投资者的非理性决策和投资行为偏差。通过与中欧基金多位一线基金经理的访谈，我们从中摸索出一些应对这些误区的策略。

相信需要相信的

相信长期的力量

“股神”巴菲特曾经总结自己的成功秘诀：“人生就像滚雪球，最重要的是发现很湿的雪和很长的坡。”只有这个坡足够长，投资的雪球才能发挥复利的作用，进而获得长期的投资收益。基金经理王健和罗佳明不约而同地表达了类似的观点，优秀的公司即使暂时处于价值洼地，长期来看也有机会实现价值回归，在投资中要做长期的股东而不是短期的交易者。在基金经理许文星看来，企业在景气度低的时候做长远的“逆向布局”，可能会牺牲一些短期利益，但实际上有利于企业的长期价值增长。这些其实都在告诉投资者，短期持有可能会因为交易的“错杀”而产生亏损，但如果长期持有，优质资产的价值会更好地反映在投资收益上。

相信资产配置的力量

哈里·马科维茨（Harry Markowitz）、加里·布林森（Gary Brinson）等诸多学者都曾从学术的角度剖析决定资产组合表现的因素，择时是其中最不重要的因素，甚至常常是一个负面因素，而资产配置才是对资产组合收益影响最大的因素，占比超过90%。资产配置是一种长期、多元化的投资方式，也就是通常所说的“把鸡蛋放在不同的篮子里”，其根本目的与其说是提高投资收益，不如说是改善收益风险比和降低投资的不确定性。负责基金中的基金（Fund of Funds，FOF）业务的财富管理部总监周小鹏表达了与此一致的观点，相比于个股，投资组合更重要；相比于择时，资产配置更重要。通过 FOF 可以将公募基金作为底层标的，由专业的 FOF 基金经理筛选出市场中的优质基金，以创建资产配置组合，并进行动态调整，平滑业绩波动，这是一种适合大多数投资者的长期投资方式。

相信专业的投研

正如我们前面总结的，热点一直在不断变化，并不能给投资者带来稳定的阿尔法收益。真正能带来阿尔法收益的一定是专业、有深度的投资研究（以下简称投研）。专业基金经理通过公开的信息可以看到普通投资者看不到的内容，挖掘出企业的核心价值。基金经理周应波提出要做减法，减少行业的覆盖，聚焦于少数行业和企业，挖深、挖透，如此才能找到真正的企业价值和其带来的社会价值。基金经理郭睿提出的寻找“沙漠之花”的投资思路同样在强调深度投研，通过专业研究，在无人问津的行业寻找有独到经营之处的企业，就像在沙漠中寻找开出的花。是否具备专业的投研能力，也是普通投资者考察基金的一个重点。

相信专业的团队

我们首先强调团队的力量。一只基金的出色并不是基金经理一个人的功劳，其背后一定有一支优秀的团队在默默地提供支持。与“债券之王”比尔·格罗斯（Bill Gross）共过事的基金经理李彤以她的亲身经历告诉我们，太平洋投资管理公司（Pacific Investment Mamagement Company，PIMCO）的团队才是该公司最核心的竞争力，格罗斯与他的团队是互相成就的。专业的团队一定不会忽视专业的风控，就像基金经理黄华一直在提醒的“先不要考虑挣钱的问题，先要考虑亏钱的问题”，做好防守的底线。对于普通投资者，投资一支专业的团队可以从观察一家基金公司是否专业开始，一家全面而出色的基金公司代表的往往就是专业的团队力量。

图 0-4 是基金投资误区及应对策略，总结起来就是要相信“长期”与“专业”。让我们一起来看看这些基金经理在访谈中是如何体现他们的“长期”与“专业”的。

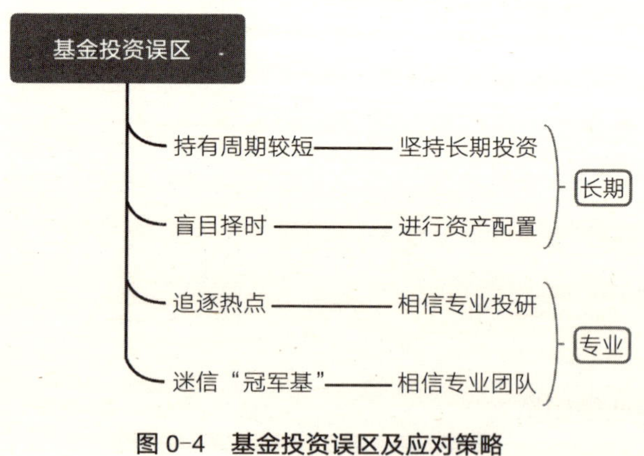

图 0-4　基金投资误区及应对策略

最后，诚挚感谢中欧基金能够提供这次让我能与众多基金大咖交流、学习的机会，我将在这本书中将我们的访谈内容分享给大家。同时，也要感谢中欧财富管理研究中心的同事刘心洁、龚铭为访谈和本书所做的辛勤工作。

你是否拥有长期投资的基石?

扫码鉴别正版图书
获取您的专属福利

- 财富管理就是要平衡好（ ）

  A. 科学和艺术的关系

  B. 短期和长期的关系

  C. 贪婪和恐惧（或者收益和风险）的关系

  D. 以上全部

扫码获取全部测试题及答案，
看看你是否拥有
长期投资的基石

- 真正的企业家是由使命驱动的。这是对的吗？（ ）

  A. 对

  B. 错

- 投资就是在选定的行业或好的赛道里，不断发现有投资价值的公司，并（ ）。

  A. 任其自由发展

  B. 和它一起成长

  C. 不断投资新的公司

  D. 不断更换赛道

扫描左侧二维码查看本书更多测试题

目　录

第一部分　相信长期的力量

第二部分　让专业的人做专业的事

THE CORNERSTONE OF FUND INVESTMENT

第一部分

相信长期的力量

对广大投资者来说，知易行难是一句中肯的评价，道理都知道，但是做起来很难，因为很多事情是逆人性的。要想在基金投资中获利，我秉持最基础也是最重要的原则——坚持长期投资。

窦玉明

中欧基金董事长

导读

大家耳熟能详的投资大师巴菲特、彼得·林奇和查理·芒格等都无一例外地强调和推崇长期投资。投资本身就不是一件简单的事情，再加上长期，很多投资者常常感到困惑和迷茫，只停留在理论层面，缺乏实践的校验，因此需要深入解读长期背后的逻辑和投资理念。接下来，我们看一下长期背后的故事。

近年来，中国居民的财富总量一直保持稳定增长态势，但在配置结构上依然存在较大的变革空间，这既涉及存量财富的挪腾，也涉及消费升级、养老等新业态需求的满足。历经多年发展，财富管理进入了新时代，如图 1-1 所示，公募基金权益投资已经成为居民财富的重要构成。

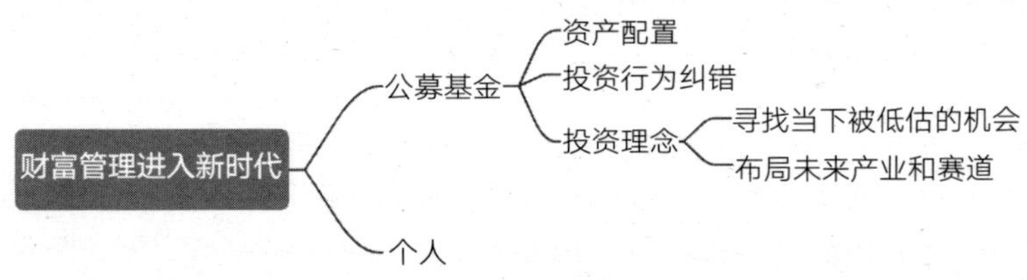

图 1-1　财富管理进入新时代

图 1-2 为公募基金的规模演进。根据万得资讯的数据统计，中国公募基金继 2020 年首次突破 20 万亿元大关后，总规模在 2021 年再上新台阶，突破了 25 万亿元。公募基金在 A 股市场的话语权在不断提升，据银河证券 2021 年第四季度末数据显示，截至 2021 年底，公募基金持有的 A 股市值已达 6.38 万亿元，占

A 股流通市值的 8.77%，相较于 2020 年底的 7.58% 进一步提升。

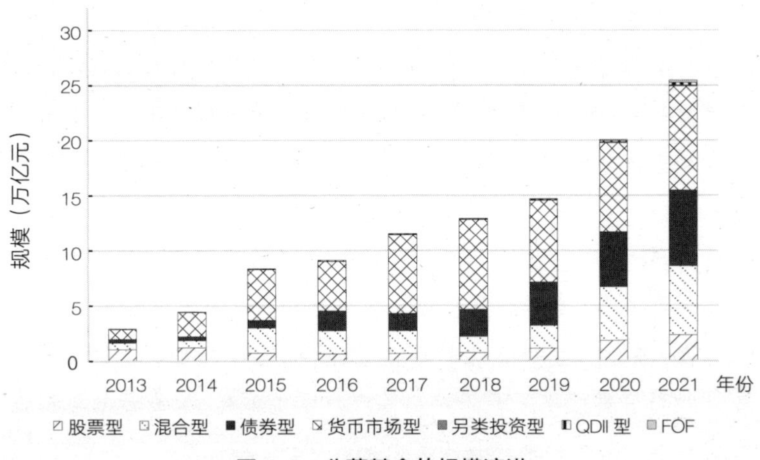

图 1-2　公募基金的规模演进

资料来源：万得资讯。

中欧基金董事长窦玉明在梳理行业的发展脉络时总结道，基金行业的发展已经从靠天吃饭的草莽时代，转向了规模化、系统化和流程化的工业时代。公募基金坚持长期同时回归基本面的投资理念已在业内形成共识，并逐渐过渡到理念的落实阶段。但知易行难，对个人投资者来说，真正理性地践行长期主义非常困难，因为投资需要“逆人性”，他们的内心要足够强大。

随着投资者机构化程度的不断提升，周期对投资的影响开始减弱，但对普通散户或中小投资者来说，精准把握投资周期依然很难，这些投资者会不可避免地陷入羊群效应或者“追涨杀跌”的固定思维中。要想突破非理性行为和认知水平的局限，在基金投资中获胜，投资者面前有两条有效路径：一条是资产配置，另一条是坚持长期投资。

首先来看资产配置。作为长期、多元化的投资策略，其根本目的与其说是提高投资收益，不如说是改善收益风险比，降低投资不确定性。在权益市场加速发展的背景下，公募基金已成为广大投资者进行资产配置的主要渠道，但从数量繁多的基金中筛选出合适的基金并有效构建投资组合，对普通投资者来说并非易事。在负责 FOF 业务的财富管理部总监周小鹏看来，相比于个股，投资组合更重要；相比于择时，资产配置更重要。FOF 母基金将公募基金作为底层标的，由专业基金经理筛选出市场中的优质基金，以构建投资组合，并进行动态调整，从而平滑业绩波动。所以，专业的事应交给专业的人去做。

其次是坚持长期投资，相信长期的力量。前文提到，“股神”巴菲特曾经总结自己的成功秘诀：“人生就像滚雪球，最重要的是发现很湿的雪和很长的坡。”其中，“小雪球”是启动资金，“很湿的雪”是低成本的长期资金，“很长的坡”是有长期竞争优势的优秀企业，在复利作用下，时间不断创造可持续的核心价值，增厚投资收益。在擅长“平衡术”的基金经理王健看来，股票投资不是炒股票，而是伴随公司在一个好的赛道里不断成长，进而争取长期的投资回报。她所推崇的 GARP（Growth at A Reasonable Price）策略专注于挖掘当下被低估的投资机会，立足长期，注重估值与成长的匹配性。

对于未来产业赛道的布局机会，从中长期来看，价值洼地具有显著的投资价值。坚持长期持有的基金经理罗佳明认为，优秀的企业长期来看一定会实现价值回归，因此在投资中投资者要做长期股东而非短期交易者，通过自下而上深入研究行业和企业来选择投资标的，在高质量增长与合理估值中找到平衡。

擅长“白马成长”风格的基金经理王培认为，投资一家企业其实是投资背后的管理团队或创始人，如果自下而上看企业的发展，那么管理是最重要的，而管理层优秀与否，将在很大程度上影响企业估值。一家优秀的企业或一位优秀的企业家应具备三种特质：第一是能选对赛道，第二是具有很强的执行力，第三是具备工匠精神。

此外，投资机会也广泛存在于逆向投资的框架中。擅长“逆向布局”的基金经理许文星更专注于对安全边际的寻找，通过研究发现那些被错误定价的企业，进而获得一个对未来不确定性的风险补偿机会。在他看来，企业在景气度低的时候做长远布局，尽管牺牲了一些短期利益，但实际上有利于企业的长期价值增长。

与大部分相对收益基金不同，绝对收益基金充分结合了长期战略性配置和短期机会型战术性策略。在擅长绝对收益产品投资的基金经理李维看来，绝对收益基金在穿越牛熊市和抵御大跌时会表现出较佳的风险收益特性，通过在整体市场挖掘被低估的具有成长潜力的投资标的，或者阶段性布局具有投资机会的行业，力求在保持低波动和低回撤的情况下，获得比较好的复合收益。无论是相对收益基金还是绝对收益基金，其策略布局大都基于长期投资，而非短期投机。

因此，只有拥抱复利的长期主义才可以对投资行为纠错，把握当下及未来的投资机会，进而实现可持续的价值创造。

第1章

公募基金的昨天、今天和未来

> 窦玉明，毕业于清华大学，曾任嘉实基金分管投资副总经理、富国基金总经理。2013年8月加入中欧基金，现任公司董事长。同时兼任中国证券投资基金业协会养老金专业委员会主席。

公募基金的三个阶段

芮萌：窦总，你是中国公募基金第一代从业人员，有20年的从业经验。你能否分享一下，在过去的20年里我国公募基金走过了哪几个阶段？

窦玉明：我的观点是，我国公募基金已经走过两个阶段，当下将迎来第三个阶段的关键节点。第一个阶段是在2007年以前，基金公司的投资理念和投资方式不够成熟，更倾向于趋势投资、短线投资等博弈的方式，此时我国公募行业处于草莽阶段。整个公募基金行业第一次受到教育是在2007年，当时中国股市里一些基本面优良的公司迎来价值回归。2007—2019年为第二个阶段，叫作理念统一阶段。在这个阶段，公募基金投资理念转变为基本面投资、长线投资，但各家公司依然依靠基金经理的个人能力。从2019年开始，公募基金行业迎来第三个阶段，叫作理念落地阶段。在该阶段，基金公司依靠团队作战的力量，陆续通过规模化、系统化、精益化来进行投资，满足投资者对基金理财的旺盛需求，同时争取更加稳定的收益率。

芮萌：就像造车一样，有了车的概念后，开始批量化、规模化的生产，然后向消费者出售。2020年我国公募基金的规模突破20万亿元人民币，你认为还有多大的发展空间？

窦玉明：目前，我国的国内生产总值（GDP）已经大于美国GDP的60%，美国的公募基金管理规模为20多万亿美元，未来我国公募基金管理规模的增速可能会比美国还快，甚至有机会在10年后超过美国，届时我国公募基金市场规模也将达到20万亿美元。值得注意的是，美国公募基金市场中股票型基金占比很高，而我国占比最高的是货币型基金，其次是债券型基金。我认为未来中国股票型基金还有10倍的发展空间。

芮萌：从2021年发布的中国人口普查结果可以看出，中国人口老龄化趋势明显，养老问题也日益突出，其实养老金主要还是依靠权益类投资的收益。

窦玉明：是的，市场上一直有一个错误的看法，那就是养老投资要关注安全性，一年内不亏钱就可以，但实际上仅仅要求不亏钱反而是最不安全的，在通货膨胀的背景下，50 年后可能连本金都没了。养老金最大的特点是投资时间非常长，其实最适合做养老投资产品的是权益类基金，虽然股票的短期波动很剧烈，但长期波动并不大，而且具有较好的收益空间。

芮萌：刚才提到我国公募基金行业还有相当广阔的发展空间，管理规模有望从 20 万亿元人民币扩大到 20 万亿美元。实际上大部分投资策略都有规模限制，一名基金经理管理几亿元或者十几亿元资产可以做到得心应手，但当管理规模上升到上百亿元甚至上千亿元时就很可能力不从心。你是怎样将一只小型基金变成一个大规模的"精益制造"基金的？

窦玉明：你说到基金行业非常重要的一点——基金经理如何承接大规模的资金。回顾我国公募基金发展的第一阶段，那时很多基金经理是通过预判趋势、与散户博弈来赚钱的，这是典型的对冲基金的投资思路。海外的对冲基金也采用同样的策略，通过短线博弈赚取绝对回报。这种策略的致命弱点就是容量有限，基金能做到多大规模取决于市场有多少"韭菜"。

芮萌：这是一场零和游戏。

窦玉明：对，如果投资策略是以"割韭菜"为主，那么资产管理规模就会很受限。能符合投资者的多样性需求，承接大规模资产管理的，只有一种投资策略——基本面投资。在基本面投资为主的策略下，投资者的股票购买行为不会影响企业股价继续上涨，因为企业发展不取决于投资者而在于自身经营状况。因此，管理大规模资金的策略就是买入优质企业的股票，成为它的股东，分享它的成长价值。这也就是为什么我说我国公募基金在发展的第二个阶段走上了正确的道路，而且这一阶段基金业绩主要依靠基金经理的个人预判能力。到了第三个阶段，投资理念的落地工作主要依靠团队来进行。这又是另外一场竞争。

人是最重要的

芮萌：公募基金的竞争其实需要“3P”，也就是团队（People）、流程（Process）、业绩（Performance）。很多投资者首要看业绩，你怎样理解团队、流程、业绩之间的关系？在管理规模的增长过程中，3P 又发挥了什么作用？

窦玉明：现在大家实践更多的是“4P”，前两个和你刚才谈的一致，即团队、流程，此外还增加了理念（Philosophy）和平台（Platform）。理念问题现在已经解决了，接下来需要关注的就是平台建设，例如信息技术（IT）系统、研究工作等。只有把团队、流程、理念、平台这四个方面都协调好，才能水到渠成地产生好的业绩。4P 中最重要的其实是第一个，团队。

芮萌： 培养团队需要时间，培养一名优秀的基金经理起码需要 10 年，你是怎样将培养基金经理这件事规模化的?

窦玉明： 这其实是我们一直努力在做的事，我们现在的工作更多的是尝试如何用一种可复制的方式培养合格的基金经理和优秀的研究员。在过去基金行业粗放发展时期，我们更多的是让基金经理和研究员自我成长，给予其学习空间，和同事互相学习，教学相长，如此基金经理和研究员慢慢就会成长起来。但是现在我们倾向于总结出规则和方法，从基金经理或研究员入职第一天起就按照标准培养他，告诉他什么是好的理念，什么是正确的流程，分析公司时应遵循什么规则。等他们建立完整的分析框架以后再付诸实践，过程中出现问题再及时修正，就这样不断学习、实践，大概 5 年他们就可以成为稍微成熟的研究员。成为一个成熟的基金经理，起码需要 5 年研究经历加 5 年基金管理经历，在时间维度上 10 年是够了，但也无法保证他能成为一名优秀的基金经理。

芮萌： 就像在医学院受过训练的人不一定就是优秀的医生一样。

窦玉明： 对，我们能做的就是提高成功率，看看培养 10 个人能否成功七八个，如果最后只有一个人成功，就不能形成产业化。对待好苗子，我们需要以更快的速度、更高的良品率将他们培养出来，这些人会逐渐形成共同的理念方法、相同的分析思路，因此他们之后在团队协作中沟通也会很顺畅，然后一起进步。

芮萌：要提高培养基金经理的成功率，就需要平台不断为他们赋能。平台一般包含数据、分析工具等。你认为这个平台应该是怎样的，如何为基金经理赋能？

窦玉明：在我看来，IT系统只是平台的一部分，平台中真正重要的是人。我们的组织结构类似于扁平的互联网结构，其中有两类人，一类是基金经理，一类是研究员，他们扮演的角色不同。我们把基金经理叫作通才（Generalist），他们懂得很多，相当于家庭医生；把研究员叫作专才（Specialist），相当于专业医生。这两类人需要相互配合。由于基金经理要研究很多方面，所以没有足够的精力细致深挖每一个新内容，这方面的工作就要求专业人士来做。大家的共同目标是选择好的公司，但公司不是独立存在的，它的产业链有上下游，它的发展会受到宏观经济、竞争对手甚至新技术的影响，这些内容只靠一个人是无法分析清楚的，因此就需要大家互相借鉴学习，互为支撑。基金经理需要研究员和其他基金经理的支持，研究员也能获得其他研究员和基金经理的支持。我们特别鼓励沟通，尤其鼓励非正式沟通。据统计，人们的交流中正式沟通占30%，非正式沟通占70%，有时候去茶水间喝水或者在吃饭时聊几句，就会启发新思路，想出新点子。这是第一方面，即一个优秀的团队必须具备好的文化、好的流程、好的理念，团队成员相互支持。第二方面，我们把大家的知识尽量多地沉淀在系统中。对任何一家公司的每一次调研，每个人包括基金经理和研究员的看法，都在系统中留痕，这样对该公司感兴趣的任何一个人只要打开相关历史记录，就会看到之前所有的分析成果，学习曲线也会更加陡峭，学习更高效。所以在我看来，平台建设包含两部分，一部分是搭建成员互相支持的好团队，另一部分是将团队的研究成果尽量多地沉淀到系统中。更重要的是前者，因为大部分知识存在于人脑中，可固化、能沉淀的部分不多。

芮萌：刚才我们其实讨论了两个话题，一个是战略，另一个是平台。但只有这些还不够，我们还要把人的积极性调动起来。一名基金经理管理 10 亿元、50 亿元、100 亿元规模的基金时积极性很高，但当他管理 1 000 亿元规模的基金时可能已经麻木了。我们该怎样激发基金经理的潜力和能力？

窦玉明：基金公司面对的是与其他基金公司的竞争，需要争夺客户抢占市场，把自己的业绩做好。对于基金公司之间的竞争，战略是第一位的，战略以及使命、愿景能指明基金公司的发展方向。如果把公司的驱动因素比喻成金字塔，那么战略就是顶层的。中间层是组织，激励机制就是组织的一部分，除此之外，组织还涉及职责设定、组织结构、汇报路线、考核机制、分工机制等。组织能够使公司高效运转。金字塔最底层的是领导力，领导力是软性的，可以激发人的潜力，这是价值观层面的内容，正确的价值观和强大的领导力带来上层组织能力的提升。战略、组织、领导力这三者可以完美配合的公司，未来一定会发展得很好。

芮萌：前两者是看得见、摸得着的，而领导力是软性的，该怎样培养领导力呢？

窦玉明：我们从2019年开始聘请外部顾问，给一些核心骨干包括管理人员做领导力方面的培训。关于领导力，人们有两种看法，一种是领导力是天生的，另一种是领导力可以后天习得。我认为两者都对，天生具有优秀领导力的人仍需要后天的培养和锻炼。关于领导力的培养需要三个因素，第一个是先天优势，第二个是正确的框架和理念，第三个是实践。我们的领导力培训和基金经理的培养方式类似，外部顾问传授给你关于提升领导力的做法，你在有了理论以后开始实践，找出什么方法更适合自己，最后实现个性、规则和实践的完美结合，进而成为优秀的领导者。这是一件非常困难的事情。如果一家公司有一批具有优秀领导力的管理者和领导者，那么这家公司要么离成功不远了，要么已经成功了。

芮萌：基金公司里都是精英，他们的自我价值感通常很强。管理这样一群人的最大挑战是什么？

窦玉明：找到一些优秀的专业人士来工作很难，但不是最难的，最难的是如何让两个你认为都不错的人相互协作，他们价值观正确，能力也很强，但只要一起工作就势同水火。如果这是因为利益冲突，那事情还好办，但如果两个人就是单纯地互相看不上，那就很难办。要解决这个问题对我们来说很有挑战性。

主动投资还能走很久

芮萌：你刚才说人可能比 IT 系统更重要，但现在大家都在谈数字化转型，其实 IT 系统也是基金公司平台的一个重要组成部分。在这方面，你有什么见解吗？

窦玉明：数字化和 IT 对于基金行业的影响很大，但是我们仍有很多地方需要努力。关于数字化，我的理解是量化和可视化我们的工作，明确可改进的地方。未来 10 ～ 20 年，数字化会不断地改造整个基金行业。按照顺序来讲，数字化对基金公司的影响首先出现在中后台。比如，基金公司的清算运营目前已经非常标准化，很多工作由机器人完成。其次就是研究过程的数字化，同时我们也在考虑投资过程的数字化。目前比较流行的投资方式有两个，量化投资和基本面投资，前者以定量为主，后者以定性为主。当下基金经理的投资逐渐向两者的中间靠拢，称为基本面量化或者量化基本面，我认为这是未来的发展趋势。我和一名量化基金经理讨论过这方面的问题，他说美国量化投资崛起的背景是，老一派基金经理完全不会用软件，而一些年轻的基金经理则利用软件率先在量化投资上有所突破。过去 10 年，全球量化投资无论是在规模还是业绩上都面临挑战，就是因为新成长起来的基本面基金经理都会使用量化工具，这时候如果做量化投资的基金经理不懂基本面就麻烦了，所以整体市场得往两者的中间走。

芮萌：如果市场往中间走，未来中国的公募基金行业会不会像今天美国的公募基金行业一样，被动型基金慢慢超过主动型基金，因为大家使用的工具和方法趋同，导致阿尔法收益会越来越难找。你对此有什么看法？

窦玉明：我认为这必然会发生，但不是未来 10 年的事情。当前中国公募基金创造阿尔法收益的机会非常多，市场定价机制非常不灵敏。美国被动型基金也是在最近 10 年才快速增长。实际上，约翰·博格（John Bogle）在三五十年前就开始做被动投资了，只不过之前一直没成长起来，这主要是因为被动投资的业绩和主动投资相比没有竞争力。今天中国基金经理创造阿尔法收益的机会还很多。我认为至少需要 10 年甚至 20 年，市场才能变得充分有效，阿尔法收益逐渐降至 0，到那时基金的业绩更多取决于管理费的高低，被动投资的春天才会到来。

芮萌：如果请你在投资方面给投资者一个忠告，你会说什么？

窦玉明：对于广大投资者而言，知易行难是一句非常中肯的评价，道理都知道，但是做起来很难，因为很多事情是逆人性的。要想在基金投资中获利，我秉持最基础也是最重要的原则——坚持长期投资。如果投资者自己很难坚持，可以请专业的资产管理机构帮忙完成投资。

芮萌：谢谢窦总的分享。窦总为我们描绘了中国公募基金行业的未来——通过精益制造、秉持工匠精神不断产出规模化、标准化的产品，希望能够使中国投资者从不断优化的资产配置方式中获得丰厚收益，从而过上更加幸福的生活。

本文内容分享于 2021 年 5 月 11 日。

教授点评

本期的访谈嘉宾是中欧基金董事长窦玉明先生。他对中国公募基金过去20年的发展路径做了简明扼要的梳理。在他看来，中国公募基金已大致经历了前两个发展阶段，当下正迎来第三个发展阶段的关键节点。窦玉明先生指出，2007年以前中国公募基金多以趋势投资为主，基金公司的投资理念和投资方式都不够成熟，加上投资者往往一味地追求基金的高回报而忽视背后的风险，基金行业发展处于草莽阶段，资本博弈更像是一场零和游戏。2007—2019年，中国公募基金的投资理念逐渐统一，即要坚持长期投资，同时回归基本面投资。从2019年开始，中国公募基金投资已经过渡到理念落地阶段，未来公募基金市场将迎来一场规模化、系统化和精益化的变革，在满足投资者对基金旺盛需求的同时不断优化投资过程，建立标准化投研流程，真正使立足基本面的长期投资理念落地。

窦玉明先生认为，中国公募基金市场未来还有巨大的增长空间，不仅规模会扩大，发展速度也会加快，尤其是股票型基金。关于未来赛道的竞争格局，窦玉明先生认为将围绕4P，即团队、流程、理念、平台展开，只有利用团队和平台优势，坚持扎实深入的基本面研究，挖掘具有核心技术、行业领先、有良好发展前景的实体企业，最终才能产生优异的业绩。由于中国股票市场的定价机制并非完全有效，在他看来长期内中国公募基金还有很厚的阿尔法收益机会，通过精益制造、秉持工匠精神以及数字化手段不断生产和打造规模化、标准化的产品，希望能够使中国投资者从公募基金的资产配置中分享权益市场的丰厚收益。

第2章

在白马股、成长股中找机会

> 王培，毕业于复旦大学，曾任国泰君安证券研究所行业研究员，银河基金行业研究员、基金经理、股票投资部副总监。2016年2月加入中欧基金，现任权益投决会副主席/投资总监/基金经理/投资经理。

公司的成长与价值

芮萌：你会用哪几个关键词来总结你的投资风格？

王培：我认为最核心的关键词是成长。在过去的投资历程中，我大多数时间是在成长股里找机会。另外相对来说，我更注重对白马股的选择，从逻辑推演的角度出发，在一些白马股、成长股中寻找机会。因此“白马”也是比较重要的关键词。

芮萌：我们该怎样定义成长和价值？它们是公司发展过程中

的两个阶段，还是基于公司的估值水平被人为地分成两类？

王培：我们可以从狭义和广义两个角度去思考。狭义上，我们可以从估值层面去理解，一家公司到了成熟期，它的成长性基本就消失了，投资更多的是看它的回报率，也就是分红率，因此可以认为该公司是价值公司；广义上，大多数成长公司也都是价值公司，因为成长公司在不断地通过成长获取或者创造更多的社会价值。所以，我认为成长和价值本身并不矛盾。

芮萌：无论是成长公司还是价值公司，都在价值投资的范畴内，它们都可以为投资者创造价值。

王培：是的，区别在于我们怎样理解一家公司所处的阶段，以及在该阶段我们享受的是怎样的收益。

芮萌：你心中有没有最尊敬的一位投资大师？

王培：很多著名的投资大师都是值得我们尊敬的。我自己非常尊敬的是霍华德·马克斯（Haward Marks）和彼得·林奇，或者说我的方法论，包括研究方式和投资方式更接近他们。相对来说，他们的方式更贴近我的认知范畴。

芮萌：你刚才讲到方法论和认知，在马克斯的方法论中，你用得最得心应手或者你最认可的是哪些？

王培：马克斯针对投资提炼了三个核心要点，即要想做好投资，第一要做好择时，第二要做好选股，第三要在交易上形成一套自己的方法论。从这几个角度来看，马克斯的理论不完全是巴菲特那套长期投资的价值体系，马克斯从很多层面获取收益。林奇也有各种各样的投资方法。

芮萌：你刚才讲到了三个核心要点，第一个是择时，第二个是择股，第三个关于交易。那么，你认为哪个是最重要的，还是说三者像等边三角形一样成体系？

王培：如果想在这三个核心要点上同时做得非常完善，就要有一个构建组合的概念。构建一个组合的核心目的，是在获取收益的同时尽量将风险控制在低水平。很多公募基金经理被要求每天披露在管基金的净值，但巴菲特只需要一年披露一次，不用在意中间的波动，也不用说服他的投资者。像林奇这样的公募基金经理，就必须不断交易，以达成他的目标。公募基金经理在这三个核心要点上可能都要有所擅长，但有些基金经理更注重选股，如果选到表现很好的公司，最终基金的收益效果就会很不错。所以从基金经理的本职工作来讲，选股可能是最重要的。

芮萌：中国的基金投资者是以散户为主的，2021年第一季度很多的赎回使基金经理的一些长期策略很难实施，你有没有遇到过这样的尴尬或者困境？

王培：一名基金经理若遇到了你所说的尴尬或困境，可能是因为他的关注点过多、过于分散。如果他专心做投资，其实就不用太在意一些短期因素，申购和赎回只会对在管基金规模产生一些影响，在底层逻辑上对交易不会产生特别大的影响。我认为，既然担任了基金经理，尤其是公募基金经理，就应该承受这样的波动和赎回操作带来的压力，这是无可厚非的。

选股要注重周期性

芮萌：你刚才提到在那三个核心要点中最重要的是选股。对于选股，你有没有一套自己的方法论？是自上而下的还是自下而上的？

王培：我认为自己的选股策略在自上而下和自下而上两方面有比较强的结合。我是投资化工行业出身的基金经理，化工行业有很多周期性股票，同时还有许多成长型公司，尤其是新材料公司，其中涉及很多科技元素，对这些公司的研究使我的方法论相对多元化。马克斯关于周期的核心思想是比较深重的，如果将其嵌套在投资的范畴上，对我们从不同的维度思考很多行业、产业或者公司的周期性会非常有帮助，这也是我的投资方法论中的一个核心环节。

芮萌：说到周期，大家自然就会问一个问题：多长是一个周期？

王培：周期的长短可以用不同的方法界定，比如航运有很长的周期，一般是 30 ～ 40 年；白酒行业、乳制品行业也有周期，它们的周期与人口、城镇化、人们的喜好相关，一般来说是 10 ～ 20 年。短周期的例子也有很多，比如库存周期、成本的曲线周期等，可以短到只有 1 ～ 2 个季度。如果我们把这些差异都考虑进来，那对构建组合是非常有帮助的。

芮萌：所以，不同行业的周期差异很大。有人把周期分成了不同的类型，宏观上有经济周期，微观上有个人投资者的心理周期，对于宏观、中观、微观不同周期之间的互相联系，你有什么看法？

王培：宏观、中观、微观不同周期之间具有很强的相关性，尤其是宏观周期，比如流动性周期会导致一些公司的盈利周期受到影响。很多周期之间都存在相关性，关键是我们怎样看待相关性的强弱程度。如果一个行业在市场中的表现能够穿越周期，则说明该行业与周期的相关性比较弱。大家喜欢投资一些医药公司，就是因为它们股价的波动与经济波动的关联不那么明显。相对而言，强周期公司与经济波动的关联一定是非常明显的，其股价会随着周期性因素出现一定波动，这其实都有行业内在性质的影响。所以，在选择行业时，我们不仅要考虑宏观周期，更要考虑微观和中观等不同层面的周期性。

芮萌：我们以宏观周期为例，宏观周期有经济周期、利率周期等，你在做判断的时候主要依据什么周期？

王培：回望我十多年的投资生涯，这个阶段在中国做投资并没有一个很明显的周期，因为过去 10 年中国经济都处在转型状态。但是 2020 年新冠肺炎疫情导致了一个大的周期变化，2020—2021 年投资方法论与过去 10 年不太一样，原因在于经济被新冠肺炎疫情打断，产品价格或者库存产生了很大的周期性，整个经济又回到了以前典型的周期运转状态，包括 2021 年下半年大宗商品价格的上涨，其实就是经济周期由衰退到复苏，再到过热的状态的表现，属于典型的美林时钟。过去 10 年中国没有产生美林时钟，但在 2021 年由于疫情而产生了这种典型的周期变化过程。所以我们必须提前考虑好当典型周期发生的时候，该怎样做配置，怎样做投资，这与过去 10 年经历中国经济下台阶时所做的判断就完全不一样了。

芮萌：普通散户或者中小投资者是很难精确把握周期的，你认为他们可以通过什么方法穿越牛熊周期？

王培：穿越牛熊周期需要找到不会产生巨大变化的那个点。大家喜欢投资弱周期行业，是因为这些行业在周期波动时没有受到干扰，所以普通投资者投资的核心方法是在这些行业中找机会，虽然短期收益可能不明显，但是时间长了，这些行业里公司的复合收益机会是很不错的。我建议普通投资者不要在周期大幅变化的时候去“追涨”，因为运气好的时候在半山腰，运气不好的时候可能就在山顶。

芮萌：很多中小投资者都不可避免地会陷入羊群效应或者

“追涨杀跌”的固定思维中，在贪婪和恐惧之间不断摇摆，而实际上投资需要逆人性。你的决策过程中会考虑投资者的这种心理周期吗？

王培：随着A股市场不断从散户化向机构化转变，投资者心理周期的影响在不断被弱化。以前很多盈利模式不错或者稳定性强的公司，其股价在整个国内市场是比较便宜的，但是近几年，很多公司的股价已经在向美国或者海外其他成熟市场靠拢。一个市场成熟后，市场上的公司股票定价会慢慢趋于合理，投资者心理周期也就不会像以前那么明显了。

头部效应和一致偏好

芮萌：出现大家都一致看好少数优秀公司的现象，可以说是必然的结果。但这些优秀上市公司的市盈率本身已经很高了，投资它们好像并不能体现出基金经理的独到见解。

王培：整个社会的发展过程就是这样的，资源向头部集中。造成这种头部效应现象的原因是科技周期的变化，计算机从20世纪七八十年代出现，到现在经过了四五十年的演进，已经改变了很多生产生活方式。很多公司也利用计算机技术不断在业务能力和获利能力上有了质的飞跃，头部效应越来越显著，公司股票也越来越贵。但是，公司不会无限成长，它在发展过程中总会在管理边界上找到一个上限点。所以，虽然最终结果是大家在追逐好的公司，但是不断会有公司因为管理能力跟不上时代变化而掉队，即使是龙头公司也有可能面临被新公司替代的风险。我也做过一些实证分析，2017 年大家都看好的一些公司，在 2018—2021 年每年都会表现出巨大的差异性，我相信未来的结果一定还是追逐投资最优秀的几家公司，但是具体有哪些公司会发生巨大的变化，则是一个缓慢的过程。基金经理现在持仓的公司或许已经跟过去两年完全不一样了，结果就是，可以代表时代特征的公司、初次被投资者认同价值的公司、具有成长潜力且处于景气赛道中的公司会脱颖而出。回顾历史我们可以看到，美国公募基金的发展历程就是这样的，中国公募基金也会往这个方向发展，从结果来看仍然是大家都追逐优秀的少数公司，但追逐的原因会发生变化。

芮萌：对于投资方向雷同，有人说是因为公募基金的评估标准是市场，所以基金经理不得不追逐少数公司。另辟蹊径可能会获得高收益，但也可能会被市场惩罚得非常惨。

王培：这个说法无可厚非，公募基金经理只是一个职业，有时候有些基金经理会迫于压力投资一些大家都看好的公司，因为这些公司一旦逆势上涨或者有很大的阿尔法收益机会，而他们却错过了，他们承担不了相应的责任。基金经理的投资组合其实千差万别，并不是说今年投资的这些最好的公司明年如果再继续投资，业绩就一定会一样好。基金经理最终拼的是如何在不同的好公司里做选择，如何构建组合仓位，换手率应该保持在什么水平，等等。虽然不同的基金经理可能会选择同样的公司，但组合仓位、换手率等的不同都会导致他们最终的收益率差异非常明显。

芮萌：如果从300家公司中挑选30家心仪的公司，那有没有一两个关于如何挑选的关键点？

王培：选股最核心的一点，就是看公司的产品和服务的稀缺性，就是看所谓的护城河，这是巴菲特选股的第一原则。

芮萌：除了护城河以外，还需要什么？

王培：一个合适的时间窗口，以相对较低的价格买入足够多的股票。不能在投资者情绪高涨的时候买入。有时候一家公司看起来非常完美，但是其股价已经被炒得很高，这时投资者就要等待很长的时间再去买入。

芮萌：所以巴菲特在他选择的股票的最后都留有安全边际，但是安全边际不是时时刻刻都在的，投资者需要等待。你既要管理很多资金，又要保持心平气和，不着急，还要等待机会的出现，而且机会不是每一天都出现的，你是怎样平衡这几个方面的？

王培：这就需要我们关注的公司多一些，体系更完善一些。整个投研团队一起关注这件事，在机会到来的时候一定要把握住，每一笔交易都要考虑安全边际或公司的核心竞争力，这样就会慢慢地构建好一个组合。

芮萌：如果用一句话来说，那你关于投资的建议是什么？

王培：投资是一件比较有意思的事情，也是一件对大家一生都很有帮助的事情，投资可以帮助我们了解外面的世界，了解一些新鲜的事物。所以我认为，大家应该用一种开放、学习的心态不断加强对投资的理解，不断找到一些与投资相关的有趣的事情，然后在追求赚钱的同时分享你在投资过程中的一些收获，这样会给你投资的时间长度和成功率加码。

优秀的企业背后是优秀的企业家

芮萌：巴菲特有一个著名的投资理念：投资股票其实是投资背后的企业。投资背后的企业其实是投资背后的管理团队或者创始人，能不能分享一下你对企业家这个群体的认知？

王培：成为企业家是很不容易的，经营好一家企业需要企业家具备很多基本素质。我在投资企业的过程中观察了很多企业，我发现优秀的企业在各方面都很优秀，总结下来主要有三个特质：第一个是战略大局观，企业家对方向的把控非常完美，他大概率不会出大错，使企业沿着一个比较好的方向运行；第二个是执行力，企业家的执行力非常强，他的战略可以很好地落地，他可以找到优秀的执行人；第三个是对细节的把握，企业家对细节的把握非常严苛，包括对产品、服务和管理方式的把握。通常，优秀的企业家在这三个层面都会有一些比较独特或者胜人一筹之处。

芮萌：在你看来，中国有没有一个群体代表了中国当今时代的企业家精神？

王培：中国如今这些伟大的企业家在这些层面的表现都非常好。比如华为的任正非等，他们一步一步走到今天是非常不容易的。

芮萌：你从这些企业家身上看到了什么样的时代精神？

王培：我认为从20世纪90年代一直到现在，不同时代的企业家身上有着不同的时代烙印。比如任正非，他是军人出身，管理企业就像治军一样非常严格，做事情的方式也与军人一样，执行力非常强，很多事情都亲自去做。那个时代的企业家的成功极度依靠奋斗和拼搏精神。之后的企业家，会思考愿景，思考很多未来的可能性。最近几年开始出现一批独角兽公司，这些企业又不太一样，新时代的创始人思想更有跳跃性，使用的科技手段更发达，所以他们的思路和方式方法跟以前不一样。相应地，他们的公司发展速度也非常快，一家企业只用3～5年就能达到很大的规模，这在过去几十年是不可想象的。所以，每个时代企业家的素质、内在驱动力和必备特质是有差异的。

芮萌：你刚才讲三代企业家都烙上了时代烙印，这背后有外因也有内因。我们先梳理一下外因，你认为是哪几个外因造就了这样一批拥有特别气质的企业家？

王培：我认为最核心的外因是时代背景或者环境，比如 20 世纪 90 年代初，中国开始进行改革开放，出现第一批走出去创业的人，他们自主创业、白手起家，想打造出自己的核心竞争力，那时候是先模仿做一些初级产品，然后慢慢地升级。早期创业非常不容易，中期、后期中国慢慢地有了配套基础设施，企业开始做一些与世界接轨的产品，模仿速度变快，可以借鉴的资源变多，到现在中国企业开始走到世界前列。比如字节跳动这样的公司，它的产品及算法已经走在世界前列，它的产品已经输出到欧美等地区。这是时代造就的，但也体现了中国人勤劳肯干、愿意冒险、精益求精的精神。这是外因，内因在于这些企业家自我提升的诉求。

企业家初期可能没有很伟大的想法，但是随着企业的壮大，他们开始做更多的事情并承担社会责任，提供就业机会、扶贫等，先富带动均富。就像马斯洛需求层次理论一样，一开始是生理需求，然后是安全需求，到最后是自我实现需求。

从 20 世纪 90 年代到现在，中国的发展速度的确很快，发展过程中有很多机会，这些机会是中国特有的。中国有庞大的人口基数，制造业的多年积累使我们有非常发达的体系、产业链，做很多事情都是相对容易的。中国的创新氛围比较强，中国的互联网基础设施发达其实与这种创新氛围有关。

一是创新氛围强，二是中国有庞大的用户基础，很多在国外无法尝试的事情，在中国就有可以施展拳脚的市场。比如研发一个 App，在中国有 500 万用户“跑”App，大家很容易就能发现如何修正它，如何做大数据迭代或者做人工智能算法。但在海外，想要获得 500 万用户的数据需要很长时间，这很困难且代价很高，而在中国做一个广告或者其他相对简单的宣传就可以做到，所以中国互联网的发展与人口基数、创新力等息息相关。

芮萌：你是学化学的，从化工行业来讲，你认为中国在哪些领域是领先的？在哪些领域需要赶超？

王培：化工行业的关键主要在于材料，材料是所有工业的基础。但是目前中国化工行业的体系不完善，即使做出了材料也没有人去试，也就没有办法改进，这是一个很大的问题。欧美化工行业的体系已经成熟，它们的产品质量好，也不用担心试错的风险。我们并不比别人差，之所以慢，是因为体系还不够成熟，但是中美贸易摩擦让中国这几年的体系建设速度加快了。我相信基础的科学研究问题慢慢也会得到解决，这只是时间问题。所有的科学大多数是实验科学，实验科学需要花时间去试。为什么日本人做出一些好产品？因为他们在应用方面花了很多工夫，他们的工匠精神就是不断去尝试。中国拥有的试错时间太短了，做实验的次数不够，导致很多材料或者工艺的时间积累不够，进而达不到要求和标准，不过随着时间的推移，中国与欧美在这方面的差距会缩小。至于最基础的研究，目前还是欧美的比较先进，我们要赶超它们，需要一代一代人去努力。前不久王兴宣布退出江湖，回归科学研究，也是跟他自己的追求有关系，其中蕴含了一种个人情怀。在这样的年龄和事业发展阶段，他选择回归初心，我挺敬佩的。

芮萌：你刚才提到企业家白手起家，拼搏到今天，开始更积极地承担社会责任。请分享一下你对社会责任的理解。

王培：我在管理中欧基金的一只 ESG 基金，ESG 产品在海外是非常多的，因为海外投资者非常关注 ESG。ESG 代表环境、社会责任和公司治理，这三个层面必须都达到标准才可以纳入投资范围，中国很多企业在这个方面做得还不够，也是因为还没到时间。很多企业之前更多的是在积攒财富或者度过安全期，它们需要先生存下来，慢慢做大之后才会追求更高的目标。随着这几年中国企业的发展壮大，很多企业开始注重社会责任，它们的社会责任报告开始逐渐出现在年报里，这就是在向积极的方向迈进。同时，中国过去也是碳排放大国，我们要积极地解决碳排放问题，慢慢改善我们国家的形象。

“碳中和”带来的机遇与挑战

芮萌：讲到碳排放，现在我国提出了“碳达峰”“碳中和”

的概念。有人预测，未来30年中国在绿色经济上的投资每年将超过2万亿元，这是不是一个巨大的商机？

王培：这个问题需要从多维度去看。这是一个目标，实现这个目标可能会牺牲一部分企业的利益，但同时也会带来很多商机。基金经理买股票喜欢着眼于长期，“碳达峰”“碳中和”涉及30年和60年两个时间点，这两个时间点对基金经理做模型非常有帮助。所以，“碳达峰”“碳中和”本身提供了长期投资的可能性，会孕育很多机会。

芮萌：讲到“碳中和”，你认为30年和60年是一个巨大的商机，那么这与ESG怎样融合呢？“E”代表环境，与“碳中和”相关，在构建投资组合的时候，你们是怎样选择投资标的的？

王培：我认为“碳中和”的核心是节能减排，节能减排的涉及面很广，包括新能源的开发、旧工艺的改进，以及工农业的其他各个方面等。我做过统计，有20多个行业与节能减排相关，我们可以在其中找到不同类型的投资标的，但最核心的还是对能源利用的改善，也就是减少碳排放，减少化石能源或者煤炭的使用，用可再生能源来代替。

芮萌：但是讲到可再生能源，大家通常想到的就是成本。可再生能源在成本上与化石能源相比是否具有竞争力？

王培：这几年随着时代的进步，风电、光伏发电等可再生能源的成本曲线已经非常低，在很多场景中已经到了可以折算收益的地步。在不需要补贴的情况下，可再生能源也具有竞争力，甚至在一些条件比较好的地方已经可以自给自足。

芮萌：根据“碳中和”规划，到 2060 年化石能源的占比会非常低。到时候整个世界的能源格局会不会发生改变？目前以石油作为主要生产资料、以美元作为主要支付工具的这两种最基本的格局会不会改变？

王培：这两种格局一定会改变。过去石油是能源的基础材料，也是很多产品的基础原材料，几乎所有的工业都与石油化工有关。大部分工业产品，比如塑料、橡胶、纤维等都来自石油化工产品，在原材料上，这方面的使用需求我认为是不会减少的。但是在能源上，对石油的利用，如汽油、柴油、煤油等可能会逐渐消失，以电能等代替。关于美元，美元体系比较复杂，因为涉及数字货币。这一代的年轻人是互联网的原生代，他们的成长环境跟我们完全不一样，他们更倾向于在虚拟世界里找价值，尤其是我国的一些“90 后”“00 后”等，你接触他们后会发现，他们更多的不是追求房子，而是追求自我，到时候他们可能会在数字货币上做投资。至于这样的新兴人类在 30 年后会是什么样子，我无法预测，但我对数字化、智能化以及它们对整个世界的改造很期待。

芮萌：我们也期待未来在“90 后”和“00 后”中诞生新的企业家，并且他们身上有着属于自己的时代烙印。

用专业和长期，赢得客户信任

芮萌：之前就你的投资理念、所尊敬的企业家精神，我们有非常深入的交流。接下来我们将聚焦于你对公募基金资产管理计划（以下简称专户业务）的一些思考和实践。请你先大概介绍一下中欧基金专户管理团队的成员构成。

王培：目前中欧基金专户管理团队的人员不多，有三位投资经理、两位投资助理。三位投资经理分别负责不同的领域，其中一位负责绝对收益策略产品，另外两位分别负责相对收益产品和一对多产品。

芮萌：请你科普一下，在客户定位、投资风格等方面，公募基金专户业务的产品相对于公募基金、私募基金，有哪些明显的区别。

王培：公募基金专户产品的定位与私募基金比较类似，与公募基金的差异比较明显。尤其是在客户层面，公募基金专户产品与私募基金产品面对的基本都是特定客户，以高净值客户为主，而公募基金主要面向个人投资者。但是现在一些公募基金专户业务也开始服务于银行理财产品，很多过去没有净值化的银行理财产品在慢慢净值化，这类产品的客户群体开始与公募基金的客户重叠。目前，公募基金业务，甚至公募基金专户业务，开始走多元化道路，后者基本上各个层次的客户都有。

芮萌： 你日常在与客户沟通交流的时候，是否感受到目前国内资产管理行业高净值客户在理财方面的需求没有得到满足，公募基金管理人如何帮助他们解决这些痛点？

王培： 高净值客户基于保值增值的目的参与权益市场，其实对所有的投资者来讲都是这样的。这的确是一个最大的痛点，即怎样在争取更高收益的基础上更好地控制回撤。对公募基金专户产品来说，就需要用多策略来解决这个问题，这与公募基金不一样，公募基金更多的是坚持长期持有。对于公募基金专户产品而言，基金经理一定要关注如何控制住过程中的波动性，同时争取相对高的收益，这是客户目标上的区别。

芮萌： 很多投资者在牛市的时候强调收益，在熊市的时候强调风险，对此你怎样使他们取得平衡？

王培： 这最终还是靠不同的收费方式，公募基金收取管理费，部分公募基金专户设置了业绩报酬机制。因为多收取了一部分费用，所以公募基金专户要提供差异化的服务，提供更多的“武器”、更多的策略来实现客户想达到的特定目标。公募基金比公募基金专户产品更纯粹一些，后者要达到客户的特定目标，所用的投资方法会更多一些。

芮萌： 公募基金专户的客户是高净值客户，他们同时也是银行的目标客户，是券商争取的对象，甚至还是信托的目标客户，这些机构都在转型做财富管理。相对于这些机构，公募基金或者公募基金专户有哪些优势？

王培：公募基金就是“吃这碗饭”的，很专业，只做投研业务，而券商还要做投行业务以及其他融资融券业务，所以公募基金经理投研实力更强。银行与公募基金通常有合作，银行会让公募基金的投资经理在自己的渠道上发产品。所以我认为，公募基金与券商、银行的关系最终以合作为主，与券商的资管公司可能有一些竞争，当然合作可能比竞争要多一些。

公募基金专户业务的特点

芮萌：之前我们了解到中欧基金的专户整体上坚持的是长期基本面投资理念，落实到公募基金专户投资团队上，你认为相比于公募基金，团队对高净值客户或者特定客户群在投资理念和产品定位上有哪些差异？

王培：两者最终的投资理念没有什么差异，公募基金专户投资团队投资赚钱的方式基本上还是以价值发现和价值成长为主，这两种方式是我们获取收益的来源。与公募基金相比，公募基金专户的投资方法没有什么差异，只不过是在个别时间点，比如当净值低于“水面”时，需要采取“守”的方式做组合配置。在这个基础上，两者在投资理念和投资方法上的差异并不大。但是在策略上会体现出差异，对于公募基金专户产品，我们需要更多地做一些多策略组合，使其净值波动相对小一些。

芮萌：要使净值波动更平滑，需要更多的策略，这涉及择时和交易，公募基金专户投资经理如何帮助客户做到这一点？

王培：专注在择时上是不现实的，因为择时非常困难，所以公募基金专户产品是用一种比较分散的方式来解决波动率问题。但是有些投资经理还是采用类似公募基金的方式，倾向于集中在个股或行业上，其在管产品的波动率虽然不低，但是选股效率非常高，这其实也是可以的。所以主要看选择哪条路，作为公募基金专户投资经理，要么选择让产品更分散，用多策略的方法，然后一直不动，要么选择一只波动率大但收益空间非常高的股票，这两条路都没问题。

芮萌：从时间的维度来看，公募基金和公募基金专户产品有没有区别？是不是一个偏长期，一个偏短期？

王培：公募基金现在也有提倡 1 年、2 年、3 年甚至 5 年封闭期的产品，我认为这是在向私募基金或者公募基金专户产品学习。公募基金专户产品大多数是有封闭期的，短的有 1 个月，长的有三五年。就客户体验来看，有封闭期的公募基金专户产品其客户体验会更好一些。

芮萌：与公募基金不同，公募基金专户产品即使是一对多的，投资经理与客户的沟通频率也是比较高的。当市场向下时，该怎样教育、安抚投资者?

王培:公募基金专户投资经理不仅要把产品做得好,而且还要言行一致,这是非常重要的。投资经理在投资过程中必须把问题想得很清楚,包括投资策略、对未来市场的观点,以及未来该怎样应对不同的市场变化。客户往往是在与投资经理交互的过程中对投资经理产生更多的信任,客户发现投资经理的判断大部分正确,当遇到短期的波动性亏损时,能理解并包容投资经理,两者一起经历投资过程,最终实现共赢。因此,公募基金专户投资经理能够与客户产生更多的共鸣,但是公募基金经理做到这些要困难一些,因为客户太多了,客户买进的时间也不一样。

芮萌:你刚才讲到要获得客户的信任,其中一条就是要言行一致。在言行一致上,私募基金一般靠激励机制和跟投机制,对于公募基金专户投资经理,是不是也有类似的制度安排?

王培:要获得客户的信任,一方面投资经理要言行一致,另一方面其投资能力更重要,如果投资经理理解市场,能准确把握策略,客户就会更认可投资经理。当然你说得很正确,激励机制非常重要。私募基金的激励更强一些,更个人化、更开放。但公募基金是有团队概念的,需要在一个大的团队里构建不同的产品线,公募基金专户也是产品线的一部分,我们用团队力量来帮助投资经理达到他们想要的结果。与私募基金相比,公募基金的团队协作更强一些。

芮萌：在实际投资管理中，该怎样区分公募基金和公募基金专户产品，它们有哪些差异？什么样的投资者会选什么样的产品呢？

王培：投资者应量力而为，与自己的风险承受能力相匹配。其实有些公募基金专户产品的收益率也不高，但它能使客户享受投资过程。客户在投资过程中可以与投资经理一起成长，学习如何把握好投资节奏等，从而增强自己的投资能力。这对公募基金经理来说比较困难，公募基金经理面对的客户很多，申购、赎回的时间也不确定。公募基金在这方面可以投入得更多，或者完善一些相关产品，将与客户一起成长这件事情做得更深入。

芮萌：就你观察，有没有这样的客户？他们将公募基金专户作为积累投资经验的工具，他们跟着投资经理投资几年以后，就像普通合伙人（General Partner，GP）跟着有限合伙人（Limited Partner，LP）一样，学习了很多方法。

王培：公募基金里的机构投资者基本上都是这类客户，我与很多机构投资者持续合作了八九年的时间，大家也是通过公募基金认识我的。在这八九年时间里我们一起讨论问题，一起成长，最后成了非常好的朋友。我认为，对方能理解你在不同时间表现出的状态，了解你能否扭转不利局面，一直到后来他自己能慢慢扭顺产品，都是非常重要的。这与公募基金专户产品的客户类似。我希望我们能够与客户一起成长，希望能够和客户一起在过程中享受投资的乐趣。

芮萌：如此，中国的资本市场会越来越有效。今天中国的资本市场有很多个人投资者，他们的焦急心态，使得无论是定价还是其他方面都出现了不正常或者扭曲的现象。一个成熟、有效的市场，需要越来越多有长期投资理念的投资者。

王培：投资者因为情绪的干扰而高买低卖是最危险的，所以在公募基金专户投资过程中，只要能规避情绪干扰，就可以为客户提供更好的投资体验。

芮萌：谢谢王总，通过你简单、通俗易懂的分析，我们了解了公募基金中的一个小众产品——公募基金专户产品，以及它和公募基金、私募基金的区别，使投资者能够更好地根据自己的风险偏好做出合理适当的选择。谢谢！

本文内容分享于 2021 年 5 月 11 日及 11 月 1 日。

教授点评

本期的访谈嘉宾是擅长从白马股、成长股中挖掘机会的基金经理王培先生。在他看来，企业在不同的发展阶段往往需要权衡短期利润和长期价值创造。从广义上来说，不论是成长公司还是价值公司，都属于价值投资的范畴，因为公司一直在创造价值。构建投资组合的核心目的在于，在争取收益的同时尽可能将风险控制在低水平。投资是逆人性的，随着投资者机构化程度的不断提升，尽管周期对投资的影响开始减弱，但对个人投资者或中小投资者来说，精准地把握投资周期依然很难，他们会不可避免地陷入羊群效应或者“追涨杀跌”的固定思维中，在股价不断上涨时容易保持乐观情绪，错误地将好公司等同于好的投资标的。持有时间短、“追涨杀跌”、交易频繁等非理性行为会导致较大的收益磨损，过于拥挤的交易和过于一致的预期往往会降低基金收益，这就需要投资者格外警惕和冷静。投资是逆人性的，这从来不是一句空话。

此外，从投资决策的角度自下而上地看企业的发展，王培认为管理是最重要的因素，管理层优秀与否将在很大程度上影响企业估值。投资一家企业其实是投资背后的管理团队或者创始人，相比于业务上的竞争优势，优秀的管理层更重要。当今一些护城河极宽的企业是从过去的小公司发展来的，其成功背后有量变到质变的积累，但管理层的正确决策也至关重要。优秀的企业或者优秀的企业家具备三种特质：第一是能选对赛道，朝着正确的方向发展；第二是具有很强的执行力；第三是具有工匠精神。因此，投资还是要坚持以长期基本面为基础，从价值发现和价值成长中获取收益。

第3章

以合理的价格购买伟大的公司

王健，毕业于浙江大学，曾任红塔证券研究中心医药行业研究员，光大保德信基金管理有限公司医药行业研究员、基金经理。2015年6月加入中欧基金，现任投资总监/基金经理。

芮萌：听说你硕士学的是生物物理学，在生物公司工作两年后才进入投资行业。你认为理科的学习和在生物公司的两年工作经验，对你今天成为一名非常成功的基金经理有什么帮助吗？

王健：这些经历对我是很有帮助的。我对投资产生兴趣就是在生物公司工作的第二年，我需要为某个实验室项目做商业计划书，找出项目未来商业化的价值，具体工作涉及市场调研、投资判断等，最终目的是吸引投资，而且那个项目应该是属于风险投资领域。其间，我自学了一些财务知识，在之后真正成为医药行业研究员时，这些知识也变得更加系统化。随着人口的老龄化，居民对医药有了更高的需求，医药行业整体的发展前景良好。但医药行业是一个丰富度特别高的行业，有做原料药的，有做制剂的，还有做医药商业的。不同的医药公司，其主营业务也不同，它们的商业模式和商业竞争力都不一样，对它们的剖析需要一家一家地做。对该行业不同公司的研究，奠定了我做投资以及进一步拓展对其他行业的认识的基础。

GARP 策略，从两个维度审视公司

芮萌：如何用一句话来总结你的投资风格？

王健：我的投资风格总结起来可以说是 GARP 策略的具体体现，也就是彼得·林奇的那句名言，“Growth at a Reasonable Price”，即选择基于合理价格的成长。具体来说，就是从两个维度，即估值和成长来审视一家公司。在估值维度，我们要看股价现在的水平，要做横向和纵向的评估，不仅要与公司的过往做比较，而且要和行业比，和同类业务的国际成熟公司比。另一个维度我用“成长”一词来概括，这个词浓缩了怎样对企业内在价值做评判的标准，怎样从商业模式、业务能力等方面做关于远期盈利能力的判断，基于未来某个时间给出一个合理的估值。如果这个估值与当前的股价之间有区间，就是买入的机会；如果没有，就不买或者卖出。这就是我的一个核心投资理念。

芮萌：你刚才讲到 GARP 策略，使我联想到巴菲特的一句名言，意思是以合理的价格买入伟大公司的股票，然后静静地等待。

王健：众所周知，巴菲特是一位投资时间超过半个世纪的投资大师，他的年化投资收益率超过 20%，这是一个傲人的业绩。所以他对我是有一定影响的。

芮萌：巴菲特还有一句名言：投资就像滚雪球，最重要的是找到很湿的雪和很长的坡。你是如何理解这句话的？如何将这句话运用到你的投资理念中？

王健：找很湿的雪和很长的坡，就像基金经理选行业，行业和公司若有能够看得到未来的盈利模式，就有足够长的时间成长。股票投资不是炒股票，而是伴随公司在一个好的赛道里不断成长，同时争取获得投资收益。

芮萌：GARP 策略是一个长期策略，遇到合适的价格就建仓，没有合适的价格就等待。这个等待的过程是痛苦的，会有业绩压力，你是怎样抗压的？

王健：女性的抗压方式会多一些。除了工作，我也有生活，同时也要带孩子，带孩子也是一种抗压方式，此外还有读书、听音乐等。

芮萌：那么，在短期利益和长期价值的平衡上，女性是不是也有先天优势?

王健：在整个投资行业，女性是偏少数的。女性看世界的视角可以和男性互补。比如消费行业，女性除了给家里人花钱也给自己花钱，女性对消费的理解，在某种程度上比男性更丰富一些。女性不会从单一的维度理解一个产品或者市场，所以在消费领域，女性天生具有更加敏锐的优势。在这个世界上，有一部分人忙着赚钱，也有一部分人需要花钱，但是赚钱的人去赚谁的钱呢？去赚花钱人的钱，所以赚钱的人要理解花钱人的心理。

芮萌：有人总结说，一名优秀的基金经理要有三种素质：一是要有很强的研究能力，二是要有实践经验，三是要有好心态。你认为这三种素质中哪一种最重要?

王健：我认为心态最重要。投资行业压力比较大，基金经理每天都被市场排名，股价每天上下波动，波动大的时候短期内就比不过别人，但也无能为力，好在我们也扛过来了。

芮萌：基金经理需要一颗非常强大的内心才能顶住这些压力。在基金圈子里，有没有女性基金经理的圈子，平时私下聊一些个人生活，或者互相分享一些投资经验?

王健：我没有特意去参加这种女性同行聚会，但稍有了解。女性减压的方式会丰富一些，某种程度上花钱也是一种减压。另外，女性有时候会一起聊天、互相倾听来疏解情绪，这也可以释放高压，甚至女性在做家务或者养育孩子的过程中也可以缓解一些压力。其实这就是从工作的场景切换到其他场景，而女性的这些场景又比较多，因为女性被赋予的角色很多。

芮萌：如果有人要给你贴个标签，从“伟大的妈妈”“贤惠的妻子”“优秀的基金经理”中选一个，你会选哪一个？我认为很难选。

王健：我本身就是平衡型基金经理，追求价值和成长的平衡，所以在这三方面我追求的也是平衡。

芮萌：要做到平衡不容易。有人说一名优秀的基金经理要有一个能力圈，你怎样理解能力圈？

王健：现在的投资时代处在一种变化度比较高的状态，我们作为基金经理要不断接受各种挑战，仅靠经验无法支撑现在的工作。我们要通过不断学习，不断提升认知，梳理并扩大自己的能力圈。也就是说，能力圈的形成和扩大基于我们在这个过程中对市场机会的把握。在这么多年的投资中，我们的阿尔法收益更多来自消费领域、医药领域，以及一些科技服务类公司，总体而言偏稳定成长类公司。虽然我目前没有足够强的能力捕捉科技含量特别高或者具有爆发成长力的公司，但是一些业务模式看起来不很吸引人而所属赛道不错的公司，我也愿意投资。中国是发展中国家，一些在海外已经成熟的行业在中国依然是蓬勃发展的状态，所以一些行业或细分赛道尽管业务模式不那么激动人心，但可以等它慢慢长大，在这些领域我也是愿意投资的。

芮萌：能力圈可以让你更加了解哪些是自己擅长的，哪些是不擅长的，换句话说就是知道什么时候做加法，什么时候做减法。请你回顾一下你过去十多年的投资风格，是始终如一的，还是随着市场或者投资群体的改变而不断变化？

王健：我的投资风格是有变化的。前几年我的配置是偏于向不同行业分散的。对于有些行业，比如消费行业或者科技行业，我们就从大的范围自下而上去看一家公司，了解它在竞争小环境里的表现。对于一些经济相关类行业，比如银行业、地产业，乃至汽车业，我以前认为只要看清楚行业的拐点就可以了，至于选什么公司我并不关心。但是现在我越来越多地关注公司本身，即便是银行业这种我以前认为相对同质化的行业，这些年的经营也是千差万别，各家银行都显示出与众不同之处，所以我以后可能要更聚焦公司单体了。

芮萌：有人说，现在投资消费行业就投资那些集中度高的大白马，但是根据你刚才所说的 GARP 策略，其实现在不能投资那些大白马，因为估值太高了。你在大白马和灰马之间，怎样兼顾或者平衡？

王健：这两年龙头公司估值溢价的现象特别明显，但我坚持 GARP 策略，对定价还是会有限制。我不认为对于一家优秀的公司，可以不论什么价格都投资它，投资时需要能看到它的未来，在可计算的空间里大概能赚多少钱，这是要明确界定的。所以我们在评估这些公司时，在估值方法上应该有一些突破，如果仅仅参照国内市场以及历史的纵轴，那参照轴就太单一了，而参照进入稳定状态的海外同类型公司的历程可以获取一些信息。当我看到一个所谓的灰马，即市场对其认知不太清晰的公司，如果它未来的获益空间很大，我就会倾向于投资它。大多数人只对个别白马的认知比较透彻，在 4 000 多家上市公司中，绝大多数公司的定价都不一定完全准确。

伟大公司的三个关键词

芮萌：作为基金经理，你每天看很多的股票，其实股票背后就是一家家鲜活的公司。什么样的公司是伟大的公司呢？如果用三个关键词来描述一家伟大的公司，你认为应该是哪三个？

王健：我认为第一个关键词是商业模式；第二个是管理层，也就是管理团队；第三个是财务指标，这是一个最终的验证。

芮萌：如今管理团队比商业模式和财务指标还要重要。你怎样评判一个团队？你认为一个领导者应该有怎样的风范？

王健：评判一个领导者首先看他的业务能力，经营一家公司的关键是经营好业务，领导者的业务能力和在业务发展上的战略眼光是公司的根本。其次看管理能力，一个领导者如果只有业务能力是撑不起一家伟大公司的，成就一家伟大公司一定需要领导者能够整体实现业务目标。

芮萌：一群人如果没有领导者，就是团伙；如果有领导者，就是团队。在你心目中有没有一位你尊敬的企业家？

王健：我很佩服日本的稻盛和夫。他从零开始将日本的京瓷公司做成了《财富》500强，后来创建了第二电电（DDI），又挽救了濒临破产的日本航空公司（Japan Airlines，以下简称日航），这些辉煌的业绩证明了稻盛和夫的成功，他的管理哲学也是比较深入人心的。

关于稻盛和夫的管理哲学，第一点就是要有很高的热情去做事情，你的热情会形成一个旋涡，引领很多人去完成一件事情，稻盛和夫常说身为人就要活得有意义。第二点就是利他，这一点很触动我。他心怀这种理念并且以身作则，所以稻盛和夫是我尊敬的一位管理大师。

芮萌：我们都知道商场如战场，存在非常残酷的竞争，稻盛和夫的利他思想是如何帮助一家公司成为《财富》500强的？

王健：稻盛和夫在经营公司的过程中，除了做业务，还常常和他的员工聚在一起聊天，聊一些不快的事情或者遇到的一些困难，他们尤其喜欢喝酒聊天。日本人喜欢喝酒，也喜欢彼此敬酒，这实际上包含了一些人与人之间的关怀，并不仅仅是取得了成绩时才彼此庆祝，这种关怀也体现在稻盛和夫的日常经营活动中。同时，工作时他又有很强的目标导向。就这样，稻盛和夫带领一些人去完成一些事情，耐心地鼓励他的下属把等了一两年都没有起色的海外业务坚持下来。所以我认为他的管理哲学就体现在他的日常行为里。在挽救濒临破产的日航时，牵扯到一些官员的利益、夹杂着官僚主义作风以及政府不信任公司等复杂情况，稻盛和夫用他的经营智慧一一解决，最后他鼓励日航真正做好航空服务。据说，日航的一位乘客在拿行李时有些不方便，坐在他旁边的稻盛和夫就去帮他拿行李，事后这位乘客才知道是稻盛和夫帮他拿了行李。我们可以看出，稻盛和夫是一个以身作则、知行合一的人，而且他能通过自己的行动感染身边的人，能把大家的力量凝聚起来，这很难得。人性是自私的，大部分人都以自我为中心，但人性也有很多面，人在利他的过程中也会感到快乐，所以稻盛和夫能够基于这种特质去领导团队，这说明他的理念很特别。

芮萌：你刚才讲到人是有多面性的，除了理性人的一面，还有社会人的一面。社会人的一面体现在我们在做任何决策时，会顾及他人的利益，通过利他来成就自己，这就是稻盛和夫的哲学。他的人生哲学是敬天爱人，对自然规律的尊敬就是敬天，爱周围所有的人就是爱人，他的理念在他的企业经营中得到了生动体现。

王健：我从他身上学到的最重要的一点，就是如果我有一种信仰，那么我就为之奋斗，以身作则。这就是知行合一。

寻找有大爱精神的企业

芮萌：你有没有将对企业管理团队的观察，应用到挑选股票或者企业上？

王健：会的。我们买入一只股票或者投资一家企业时，就会观察企业的管理层。例如，如果管理层能把一个简单且耐用的产品推向市场，并且市场占有率超过 50%，我们就称之为隐形冠军。它是怎样将不起眼的品类做得这么成功的？原因之一是，企业老板经常下市场去了解客户对产品的反馈，亲自参与产品渠道建设，针对消费者、客户或者经销商做市场调研，如此能更直接地了解真实的市场，掌握市场的实时情况，获得一线信息。除了亲自参与，老板还会培养一个团队去帮他做事。渐渐的，企业的产品从一个品类扩展到另一个品类，他们在设计层面以及其他很多层面做出的产品已经不亚于一些外资品牌的产品。在这家企业，你除了会觉得能预见一个品类的成功，还能看到他们会将成功品类的精神覆盖到其他品类，从而感受到整个企业成功的可能性。这就说明企业家自己的业务能力很强，同时也有能力培养出很强的代理人团队去拓展很多的业务。

芮萌：企业家有多重目标，不仅包括获取市场份额或者利润最大化，还有更多的维度，比如消费者的体验、时间维度上产品的生命力等。企业家不是坐在那儿请一些咨询公司来告诉他该怎样做，虽然也不乏这一类人，但是只有将实践和理论结合在一起，才能持续保持企业的生命力。所以刚才讲到稻盛和夫先生也好，说到我身边的企业家也好，他们所承担的，用中欧国际商学院的一个词来说叫企业社会责任，在日本叫三方好。什么是三方好？第一要客户好，第二要员工好，第三才是股东好。现在我们提倡的企业社会责任，其内涵在于企业有很多的利益相关者，除了银行和股东这两类投资者，还有其他的利益相关者，比如客户、员工、供应商等，这些都关系到一家企业应当承担的责任。

王健：对的。研究一家企业时，我们也会站在企业的角度去看怎样平衡员工、股东、客户等的利益，因为在一些具体的情况下很难保证每一方的利益完全一致，有时候他们的利益会有先后顺序，完全有利于股东的企业也并不一定是好企业。企业要发展，就要在这三方的利益上取得平衡，协调好他们的关系，这也是短期利益和长期可持续发展的平衡。我们投资最终是要投资一家能够持续发展的企业，只有将这三方的利益平衡好的企业才是值得投资的企业。但是这三方中最重要的还是客户，尤其是在当今社会，如果企业没有用真心服务客户，那么即使短期赚了一些钱，最后还是会难以持续经营。在非互联网时代，企业由于信息不对称能赚到更多钱，但今天在互联网时代，信息是透明、对称的，消费者更注重自己的利益和诉求，只有那些真正把客户放在心上、用心做好服务的企业，最终才会有回报。这也是稻盛和夫所说的利他主义。在一个以卖方为主的市场里，企业只考虑自身的利益，只要把产品卖出去就行，但今天我们进入了买方时代，我们要更多地从消费者的角度考虑问题。利他的最终目的是利己，这是一个良性循环，当你向对方传递正能量时，对方也会给你回馈。如果你的产品是精品，蕴含工匠精神，消费者就会愿意为产品支付溢价。市场上赚钱的方式其实有很多种，企业赚什么样的钱，它就会有什么样的素质。相较于个人而言，企业更应该是社会的一分子，应该承担社会责任。有社会责任感的企业承担社会责任后一定会有回馈的，所以我愿意去投资一家有正能量的企业。

芮萌：这也再次印证了稻盛和夫的经营理念，企业作为社会的公器，不仅仅是为了盈利而存在，企业的存在也是为了解决社会问题，毕竟个人的能力是有限的。一家企业的能力越大，就有更大的责任来解决社会问题，让世界变得更加美好。如果人的潜力能够得到激发，那么一个团体就能够创造一个正循环。最近我们在研究人到底是怎样的，我们过去倾向于把人定义为经济人或者理性人，这种定义认为人是以自我为中心的，但今天大家看到人其实还有社会属性，有同理心，会关注周围人的感受。沃顿商学院有一门课叫作“成功学”，在这门课程里他们归纳出什么样的人有可能成功。他们把人分成两类，一类是给予的人（giver），另一类是索取的人（taker），那些给予的人往往要比那些索取的人更加成功。这也印证了无论是在东方还是西方，人性都是相通的，我们都有同理心，我们都渴望一个更加美好的社会。那么，利他的理念也会被应用到投资里吗？

王健：我们都期望能找到这样的有大爱精神的企业，同时也希望能够以这些标准来看待一些企业家。

芮萌：谢谢健总的分享，让我们了解到如何将一个团伙变成团队，从而经营好一家伟大的企业。

本文内容分享于 2021 年 1 月 15 日。

教授点评

本期的访谈嘉宾是擅长“平衡术”的基金经理王健女士，她推崇 GARP 策略，并将其运用于投资组合的管理实践中。作为权益投资策略，GARP 策略的核心是估值与成长并重，以相对较低的价格买入具有较高成长性的公司，以力争获得稳定的超额回报。在此基础上形成的投资框架希望实现估值和成长的平衡，并且投资组合秉持相对分散的持股策略，在行业配置、市值规模和投资风格方面都相对均衡，可以有效地应对市场的变化。

在王健看来，评估一家公司应从两个维度入手，一个是估值，另一个是成长。在估值维度，由于股价围绕公司内在价值上下波动，一方面要看静态估值，即评估现在的股价水平，从三个层面进行比较，分别是公司历史估值水平、行业平均水平、国际同类公司估值水平。在成长维度，主要评估公司的内在价值，从商业模式、业务能力、远期盈利能力判断其成长性，并给出未来某个时间点的合理估值，如果有盈利区间，就是买入的机会；如果没有，就不买或者卖出。通过一个长期有效且熟练运用的投资方法，能够不断提高投资的胜率。总体来说，GARP 策略立足于长期，注重估值与成长的匹配。估值与成长为相对指标，互为补充，保持投资组合的相对分散，不在单一行业或风险因子上做过多暴露，以有效控制组合波动。正如巴菲特所言，人生就像滚雪球，关键是要找到很湿的雪和很长的坡。投资就是在选定的行业或好的赛道里不断发现有投资价值的公司并和它一起成长。

第4章

长期持有，力争给投资者更好的持有体验

> 罗佳明，毕业于香港大学，曾任德勤财务咨询服务有限公司并购交易服务顾问、工银国际控股有限公司房地产行业研究员、汇丰银行房地产行业研究员、银河国际资产管理（香港）有限公司投资经理等。2018年4月加入中欧基金，现任基金经理。

芮萌：能不能分享一下你的成长经历？

罗佳明：我是在深圳长大的，18岁以后辗转香港读书和工作，可以说对深圳和香港的两套体系都有比较深刻的体悟。我在香港大学读本科和研究生时都读的物理系，物理是研究世界本质的一门学科，这么多年的理论物理和实验物理的训练对我的投资风格有很大的影响。记得小时候有一个叫《十万个为什么》的节目，自从看了那个节目后我就开始喜欢思考世界运作的规律、万物的本质。长大之后，我渐渐开始对商业活动感兴趣，开始思考生意为什么会朝某个方向发展，商业社会为什么会如此运作，进

而就喜欢上了投资。

芮萌：这两者之间有什么契合或者相通之处吗？

罗佳明：相通之处就在于对规律的发现和运用。一个是探索物理世界的规律，比如我们手中的苹果，放手就会掉下来，这是万有引力在起作用，根据这个原理我们能够进行一些实际应用，比如火箭喷射器的设计。另一个是在商业社会探索生意的规律。若一个生意的上游或下游溢价能力很强，在产业链中的附加值很大，则它应该是一个有价值的生意。之后这个生意从 0 做到 1，又从 1 做到 N，我们可以通过商业运作定理去判断其未来的发展，从而去投资从 1 到 N 这个阶段，为我们的客户争取收益。

芮萌：你从学物理学到转型成为基金经理，难度大不大，有怎样的心路历程？

罗佳明：道路肯定是非常曲折的。我在硕士阶段主要研究的是半导体物理，最近我很高兴地看到我那个时期写的一篇论文提到的某种半导体材料被商用了。但投资世界的现实是骨感的，我是纯物理学出身，在没有任何金融经验背书的情况下，一开始就是逮到机会就拼命钻研。我毕业以后的第一份工作是在会计师事务所做审计，那些年不停地出差跑工厂，每年都获得杰出员工的称号，由此积累了财务基础知识，了解了很多公司真实的资金运转情况及商业决策的逻辑，这对现在的我认知生意有很大的好处。之后我到卖方公司做研究员，然后做基金经理，慢慢地走到了今天。

港股与 A 股

芮萌：你目前主要专注于港股投资，港股和 A 股之间有什么差异？

罗佳明：我们先看一些表征现象，很多人认为港股很便宜，每年都会有一些“港股低估值，快去投资”的说法，但是真正在港股市场赚到钱的人寥寥无几，甚至可以说港股市场是资金的“绞肉池”。究其原因，最核心的一点是港股市场的股票供应量非常大，也就是说资金少、股票多。港股市场在过去十多年都是全球估值最低的市场，但它同时也是全球首次公开募股（IPO）募资规模排名前几位的市场。大家可以想一想，如果一个市场全球估值最低，那它肯定不兴旺，而港股市场同时又是“造血”能力很强的市场，如此会显得它的资金更少。因为每一年都有新公司上市，股票供应是无穷的，资金相对于股票的供应永远是少的，所以在港股市场很难赚钱。但是换个角度来看，港股市场不乏行业巨头。港股市场中的这些龙头股在过去 3 年、5 年甚至 10 年，都曾经给投资者带来了超高的回报，可以媲美甚至超越 A 股市场。在全球金融市场，它的回报也是非常好的。我们在复盘了过去 10 年甚至 20 年港股的历史后，选择长期持有港股中的龙头股，我们认为只有这样才有机会给投资者带来最好的回报。

用股东的心态持有股票

芮萌：能否聊一聊你心目中的投资大师？

罗佳明：我敬仰的这位投资大师不是传统意义上的投资大师，他就是段永平先生。虽然他不是著名的基金经理，也没有帮别人管理过资金，但是他的投资业绩在我们晚辈看来是可望而不可即的，我非常景仰他。他投资某家互联网游戏公司得到了好几百倍的收益，他用大量资金持有中国一个著名的白酒龙头公司和美国一个著名手机制造商的股票，他对自己看好的互联网游戏公司也可以做到绝对重仓。他能够长期持有这些公司的股票并收获非常高的回报，同时他又是一位成功的企业家，大家所熟知的步步高就是他创立的，他还持有 OPPO、vivo 和一加手机的股份，拼多多的创始人黄峥是他的学生。他曾拍下了巴菲特的午餐，那时他座位旁还有他的学生黄铮。段永平先生不仅做投资很成功，做企业、培育企业家也很成功，他是真的很了解生意的人，他的投资哲学对我的影响很大。他还在早期的网易博客、现在的雪球上无私地分享经验。我曾经匿名在雪球上问过他几个问题，每一个问题大概花费 200 元。他把所有收费所得都捐给了慈善机构。

关于段永平先生，我总结一下。首先，他有非常正确的价值观。在我们谈投资之前，要先谈怎样做人，价值观就是先做对的事情，再把事情做对。做对的事情排在前面，因为选择比努力要重要，这一点我是吃了很多亏才明白的。如果你开始做的事情不对，那么再怎样努力也走不到你想到达的终点。什么是对的事情？做生意就要做到客户至上，有利润之上的追求才能共赢，然后考虑做长期对的事情。比如我们刚刚提到的港股，我认为在港股市场做投资，对的事情就是投资最好的一些公司，不一定是大公司，也不一定是现在的行业龙头，但是10年、20年以后它们可能就是行业的王者。其次，段永平先生教我们怎样把事情做对，这就更复杂了，因为事情的对与错比较容易判断，但是把事情做对，还有程度问题，比如把事情做到80分、90分或100分，真正把事情做到100分会遇到各种困难。

投资的价值观其实也是做人的价值观，段永平先生就是在教我们用长期的眼光看待问题。就像巴菲特说过的，我们买入的是公司的股票，但实际上是公司的一部分，持有股票就是持有公司的一部分。用股东的心态来持有股票，公司管理层就是我们聘请的员工。在选择公司时要考虑的是，你希望什么样的员工来为你创造价值，这与交易者的心态完全不同，因为交易者只需考虑这只股票以后会不会涨。段永平先生却告诉我们，要用股东的心态做投资。这影响了我的很多投资决策。当我们抱有股东心态时，会考虑很多交易者不考虑的问题，比如这家公司的企业文化能不能激发基层员工的积极性，基层员工在公司里能不能看到升职加薪的希望，中层干部是空降的还是从底部开始培养的。如果领导干部都是空降的，那么基层员工就看不到希望，他们对工作就不会特别热情，长此以往就会导致公司的竞争力下降。在选择公司的过程中，要判断这家公司是否在做对的事情，因为很多公司看似营收和利润增长很快，实则是在消耗消费者，消费者用了它的产品以后可能不会再买第二次，所以即使它短期有利润增长也不能代表它在做对的事情。投资市场就像武林，其中有很多不同的“武功”，重点是找到最适合自己的那套打法。我在段永平先生的各种文字，以及涉及他亲身经历的一些案例中，找到了我认为对投资比较重要的事情。

芮萌：刚才你的分享使我深切感受到段永平先生在投资理念以及为人方面对你的影响。作为一名优秀的投资人，他首先是一个有正确价值观的人，其次他是以客户为导向的人，最后他是长期股东而不是短期交易者，这些都值得我们学习。刚才你说到段永平先生时常重仓持有一些股票，但是平时我们在向中小投资者做经验分享时，都说要把鸡蛋放在不同的篮子里，合理分散风险，这和段永平先生的投资方法是否矛盾？

罗佳明：把鸡蛋放在不同的篮子里真的有用吗？关于这个问题的答案我花费了数年的时间，经历了无数个教训，现在我的想法是：把鸡蛋放在不同的篮子里没有错，不过我会把大部分鸡蛋放在一个确定的看好的篮子里。巴菲特也是一样，他的头号重仓股可能占了所有资金的很大比例，即使他把鸡蛋放在很多篮子里，这个头号重仓股一定也是最大的那一个，并且他放在这个篮子里的鸡蛋是不会轻易拿出来的，因为他的资金出不来，但是这个篮子可能贡献了很大比例的收益。所以重仓持有某些公司的股票，在任何投资人的职业生涯里都是非常重要的。芒格说过，如果把我们最好的 10 个投资想法刨出去，那我们的投资生涯就是一个笑话。在这句话所反映的投资理念的前提下，段永平先生可能做得更极致，因为他毕竟是在管理自己的钱。但是我们管理的是投资人的钱，我们在高收益与波动之间是要找到一个平衡点的。所以我们的投资风格是这样的：一定要找最好的篮子，但是会在不同行业里找，比如消费领域的很多细分行业，如酒业、餐饮业、汽车业、服装业等。在这些行业里，都能找到很好的篮子，可以把足够多的鸡蛋放进去，而且这些篮子既坚固又能变大，持有时间越长篮子里能放的鸡蛋越多，越能够在行业里占据主导地位，护城河越宽。我们的做法是在各行各业寻找篮子，然后尽量把篮子的个数控制在二三十个之内。我认为每一名基金经理都是没有精力去同时投资一两百家公司的，这二三十个篮子在一定程度上有助于达到分散风险的目的，如此我们在重仓持有几家公司保持较高收益弹性的同时，也能够兼顾控制投资组合的波动这件事。

真正的 ESG 投资，是长期价值投资

芮萌：重仓持有一些资产或者某个篮子其实是基于对篮子的认知，这与长期和专业有关。只有足够专业，坚持长期投资，对篮子有深入的了解，我们才敢重仓持有。刚才你提到，我们在寻找最好的公司时，要关注它的价值观，比如它对员工的态度，愿不愿意和员工分享利益，这在今天是一个非常时髦的话题，叫作企业家社会责任或者 ESG 投资。你怎样理解 ESG 投资，在你的投资里，有没有应用到 ESG 理念？

罗佳明：这也是我一直在思考的问题。ESG 投资是大家一直长期在做的，只是最近才成为一个时髦的话题。我总结过什么样的公司能够长期为投资者赚钱，有三条线。第一条线是物品的线，即公司采购什么、销售什么、有什么附加值，这叫作价值链。比如，白酒的价值链是收购粮食和水，销售白酒，附加值是酒文化的相关象征。第二条线是资本的线，即资本的价值，指公司怎样投入资金，怎样收取现金，是供应商垫款还是自己垫款，这是资本。每一次周转的资本回报率是多少，一年转多少次，这是资本线，即资金流的线。每一次周转都一定要赚钱，每年最好多赚几次，甚至最好自己不出钱，可以让上下游垫款，这就是顶级业务模式。第三条线是人的线，这里的人包括员工、供应商、股东等所有的人。我们发现长期受欢迎的公司往往能塑造出更优秀的人。从人的角度来看，这样的公司对股东很好，对供应商很好，对环境也很好。

所以，一家公司如果能上升到人的线上就承担了很大的社会责任。有一家纺织公司，它是某些著名运动品牌的代工厂。这家公司每年都会做一件事情，我认为很有意义，就是计算自己每吨产量或者每万元收入的耗煤量、耗气量和排污量。它每年在节能降污上的投入增速快于其利润的增速，它把环境的重要性放在利润之上。2020 年新冠肺炎疫情暴发，大部分纺织公司在订单骤减后会选择裁员，而这家公司当时在投资者大会上表示，公司不仅不会裁员，还要给员工发放补助工资，帮助员工与公司共渡难关。今天是公司帮了员工，明天可能就是员工反过来帮助公司。2020 年下半年员工就帮到了公司，因为当纺织订单回流时，只有这家公司的工厂有员工，别的工厂的员工走了一大半，根本接不下大单。所以，这家公司在2020年下半年的产能利润率曾超过100%，因为员工积极性很高。另外，在纺织行业，一个熟练的员工每小时产出的产品数量是非熟练员工的1.8倍左右。如果公司在订单少的时候放走一个熟练员工，等订单多了再招一个新人进来，效率就远远赶不上以前了。这是一个非常好的例子。这家公司以正确的价值观做对的事情，通过两代人几十年的努力，摸索出怎样把事情做对，公司在资本市场为它的客户、员工、股东甚至环境都创造了很高的价值。这就是长期价值投资，是一件非常有意义的事情。ESG理念不是一句口号，它应该应用到我们的投资、生活中去。

一个优秀的企业家一定是一个利他主义者

芮萌：你心目中有没有优秀的企业家？

罗佳明：我心目中确实有不少优秀的企业家，其中有一家是连锁餐饮品牌里的龙头公司创始人。从这位企业家身上，我学到了很多东西，我希望能举例介绍一下他。

芮萌：这位企业家为什么如此吸引你，他有什么样的特质？

罗佳明：这位企业家来自农村，1994年开始创业，到现在他的店已经遍布全世界，而且规模还在加速扩张。大家去他的店里可能未必会感觉味道是最好的、装修是最豪华的，但是它总会让顾客很满意地离开。值得称道的是，这位企业家不仅把自己从农村孩子到身家千亿的企业家的成长历程分享给了员工，还为员工提供了“逆袭”通道。很多员工只有小学文凭，到现在年收入可以达到几百万元甚至上千万元。一名最早跟着他出来工作的员工，现在也是公司的董事，算上股票已经有几十亿元的身家。让我非常感慨的是，他能够把用双手改变命运的机会，给到很多农村出身的人或者说看似“输在起跑线上”的人，而他们中不乏聪明励志、踏实肯干的优秀人才，迫切希望通过自己的努力改变命运，在一线城市立足，买得起房子，让孩子接受优质的教育。这位企业家在管理方面也很有自己的思路，公司在上市之前还有一条配套供应链，这条配套供应链上的公司现在市值已过千亿元。这条供应链是怎么来的呢？这位企业家很喜欢激励员工，比如，餐饮店的店长月收入可以达到几万元甚至几十万元，2020 年他们的最高年收入是 600 万元。这是对前台的激励，那怎样激励后台呢？如果一家公司只有前台积极，而后台都很拖拉，那么这家公司的竞争力也是不够强的，于是这位企业家就把后台几个部门都分拆成了独立公司。以底料部门为例，该部门过去负责供应底料，无论做得好与不好，公司都得“养”着它，餐饮店需要什么口味，底料部门就按照什么口味提供就可以了，但分拆出来后，底料部门成为独立公司，就要到外面找生意，如此一来就逼着团队去精进底料的口味。如果口味做得好，来自全国市场第三方的收入越多，底料公司的价值就越高，底料公司的员工也受益，同时餐饮店也受益。大家可能认为底料部门分拆出来很简单，但是这位企业家陆续把餐饮门店的装修、物流、人事等部门都拆分了。比如，采购牛肉的业务原来是一个部门在负责，部门内可能会有贪污问题，但是如果把它分拆出来，它的采购价格就要与第三方对比，同时它也可以在外面做别的生意，要自己赚钱养活自己的员工。这些都可以理解，这位企业家最极端的做法是把人事部门也分拆了，拆成了一家人力咨询公司，然后发现拆分后还是臃肿，所以又裁了一半的人。这位企业家的格局、对生意的理解、对人性的把握，是最值得我与大家分享的。

芮萌：刚才你从三个维度分享了这位优秀企业家的特质，一是他的商业模式是以服务取胜，他做的虽然是餐饮，但其实更重要的是卖服务，以赢得客户对他的信任；二是他怎样向员工分享他的成功经验及果实；三是他怎样管理庞大的队伍，并能够发挥所有员工的积极性。这三个维度都令人非常感兴趣，我们要不要逐一从这三个维度来剖析一下这位优秀的企业家？

罗佳明：首先，我们来看服务维度。今天中国从制造业到服务业都在经历转型，一个国家实现可持续增长，一定不是靠投资拉动，而是要靠消费拉动的。讲到服务，什么是服务的核心呢？从这位企业家身上以及他对餐饮店的经营中，能够看到哪些服务的特征？这是我一直在思考的问题。我们可以先想一想餐饮业的商业模式，至今中外餐饮公司中能基业长青的大都是快餐公司，比如麦当劳、肯德基、达美乐等。做餐饮最难的一点就是，同价位的其他餐饮公司都是你的竞争对手，不只是火锅店与火锅店竞争，西餐店也可以与火锅店竞争，日料店也可以与火锅店竞争，竞争无处不在。这就导致只靠口味实现基业长青是很难的，因为对于同一种口味，大家早晚都会厌倦，那要靠什么来实现基业长青呢？就是你刚才提到的服务，找到自己的服务特点，就是把事情做对的关键点。那怎样把服务做好呢？因为做餐饮是很累的，只有采取良好的员工激励措施，才有可能把服务做好。这就是我刚刚提到的，这位企业家的公司里一个店长的收入可达几万元到几十万元，而且店长再往上升是教练，教练是千万元年薪起，再上面还有股权激励，这样激励着员工更好地服务客户。

其次来看价值观维度，也就是服务好客户，让客户感觉物有所值。这就不得不提到这家公司对不同门店的考核系统。门店多了以后，不同地区有不同的情况，开在上海陆家嘴的门店与开在郊区的门店，人流量不一样，那该怎样考核？这家公司的考核方式就很有创意，请神秘嘉宾去门店免费吃一顿，然后给门店打分。从服务、菜品、摆盘等，最后评出 ABCDE 五档，只有被评为 A 档的门店才能开分店。这意味着，如果一名服务员想成为店长，那只有把店做到 A 档，然后开分店，才能成为分店店长。所以，大家就必须服务好每一个客户。整个体系的考核完全由神秘嘉宾主导，公司领导不参与。理论上可以应用到全球门店的考核体系，其实是一个很复杂的系统性工程，其核心是对人心的把控。在这一点上，我非常佩服这位企业家对管理的想法，对人性的理解。从客户的角度来看，客户最需要的是有温度的服务，他们感受到温度后才会复购，才会增加消费频次，才会给门店带来更多的收入。从员工的角度来看，这位企业家通过考核激励告诉员工，在利己之前先要利他，最好的利己就是利他。

芮萌：你刚才先讲了服务的本质，接下来我们谈到了这位企业家成功的第二个维度，他自己成功了，身家达到几千亿元，但这不是他的人生目标，他希望通过一个一个的门店，使员工通过自己的双手来改变命运。今天人们常说不能输在起跑线上，但其实起跑线并不能定义人生的价值。

罗佳明：这是一个非常好的命题。这位企业家曾经在一个访谈中讲到他是怎样想到这一套分享体系的。他说 1994 年自己开第一家店时只有四张桌子，他当时的目标很简单，就是买一套属于自己的房子。他自己就是第一任店长，餐饮店的服务非常好且价格公道，虽然只有四张桌子，但每天翻台七八次，因为大家都来排队吃。后来他很快就买到了属于自己的房子，他心想："跟着我打工的那些人每天翻七八次台，累得很，他们也要买房，怎么办？"所以他在开分店的时候给了店长比较高的利润提成，其实目标就是让店长能买得起房，而店长的徒弟也可以开店。这个企业家最后设计的这套机制很有意思，比如，芮教授你是一个店长，你从自己的店里只能分百分之零点几的净利润。我是你的徒弟，而你能从我的店里分百分之三点几的利润，那你自然会把精力倾斜到我这边。而且你不止我一个徒弟，可能有十几个，那么即使你的店不太赚钱，你也可以有很高的收入，然后你还可以从徒孙的店里分利润，利润分成只到徒孙这个层级，这几个层级的分成比例是该公司过去二三十年摸索出来的，多了不行，少了也不太好。但是，如果你的店服务不好，达不到 A 档，那你的徒弟就不能出去开分店。

芮萌：这种模式用今天的一句话来说就是利益共同体，把大家的利益绑在一起，大家就可以朝着一个方向努力，从而可以通过自己的双手来改变命运。

罗佳明：刚才我们谈的是第二个维度，接下来我们来看管理维度。这位企业家的管理方式就是把其公司的后台从一个成本中心变成了一个利润中心。管理成本中心是所有公司老板面临的难题，成本少了没有效果，成本多了不知道怎样控制。所以这位企业家就想到，可以在前台用分享利润的方法去激励员工，谁提供的服务好谁就能成为店长，从而改变命运。后台无法计算收入，所以他就让后台独立去做别人的生意，公司的人事部门分拆出去后成立的公司现在是中国最大的提供神秘嘉宾随访服务的公司。这位企业家不仅让自己的公司得到了好处，同时也成就了后台的员工。原来后台员工只是每天做一波底料，或者在人事部门朝九晚五地工作，但是现在他们有机会去寻求自己的财富，寻求事业的成功，这是一件互相成就的事情。

芮萌：这种把人事部门分拆出去做独立第三方，刻意让员工追寻个人成功的做法，让我大为惊叹。因为一般人会想一心不能二用，我让你独立出去了，到时候你为自己工作，会不会不好好为我工作了。而这位企业家是用什么样的机制把这些成本中心变成了一个利润中心的？

罗佳明：这些后台公司有前台餐饮店的巨大采购订单，虽然后台是独立出去了，但是公司还是会与后台有业务往来。比如底料，餐饮店 90% 以上的底料还是从底料公司采购，如此一来底料公司既有了采购量，又有了品牌保障。底料公司上市至今，经过 4 年的发展，市值涨了三四十倍，原因就是它有了前台餐饮店的品牌保障，同时它自己有不错的底料基础，所以能够很快地从 1 到 N，从原来只在一线城市经营到现在进入农村。在做大的同时，它又做了小龙虾、麻辣香锅、酸菜鱼等菜品的调料，而这些可以反过来帮助前台餐饮店去改进菜品的味道。所有这些独立分拆的公司都有一个基本盘，那就是前台餐饮店的订单，但前台餐饮店给的利润是很低的，如果只依靠前台餐饮店活着，肯定不会活得很好，但是在前台餐饮店的基础上，去签更多的其他订单，这样独立分拆的公司就能活得很好，做大之后就会给员工股权，股权比工资更值钱，因为股权回报是上不封顶的。在这个基础上，公司就能够激励员工，如果到了一定发展阶段，公司觉得某些人不适合待在原有岗位了，公司也会用灵活的机制让一些更适合的人来替换。这家餐饮公司所有的决定与发展都是自下而上的，由下面的员工反馈，然后通过大数据法则反馈到老板这边，就算经营有一些周期性波动，公司也很容易调整过来，继续往前走。

芮萌：一位伟大、优秀的企业家身上有几个特质，第一个是要抓住服务的本质，让客户体验到温度，客户体验到了温度就会增加对品牌的忠诚度，这自然就会为公司带来更多的收入。第二个是与人分享的精神，把一个成本中心通过机制转换成一个利润中心。如果用一句话来概括这两个特质，那就是“客户第一，员工第二，老板第三”，这个优先顺序其实反映的是价值观。一位优秀的企业家一定是利他主义者，只有利他主义者才能真正地利己，只有真正的利他主义者才能通过公司让他的员工用自己的双手创造价值、改变命运。一个真正的利他主义者可以通过服务增强对客户的吸引力，一个真正的利他主义者会让社会因为他的存在而变得更加美好，让他的员工变成更优秀的人，让他的公司变成一个行业标杆。

本文内容分享于 2021 年 4 月 7 日。

教授点评

本期的访谈嘉宾是专注于港股投资的基金经理罗佳明先生。他的理念在一定程度上拓宽了我们对传统投资的认知边界。比如关于投资，大家都知道要把鸡蛋放在不同的篮子里，合理分散风险，这类投资策略被证明是有效的，但是如果把大部分鸡蛋都放在一个确定的并且看好的篮子里同样有效。因此，罗佳明认为在不同的行业中找到最好的篮子，并且如果篮子既坚固又可以变大，那么把足够多的鸡蛋放进去，随着持有时间的增加，篮子里的鸡蛋就会变多，由此也预示可以在行业里占据主导地位，护城河会更宽。在他看来，一位优秀的投资人应该做长期的股东而不是短期交易者，收集长期好公司，不断从质量、成长和估值的等边三角形中寻找平衡。

那么如何寻找长期好公司呢？罗佳明总结了好公司的三个要素，即人、生意模式和核心竞争力。拥有诚信的品质、相应能力、愿意分享的管理层、核心竞争力，以及较稳定现金流的公司，自带获取复利的前景。此外，一位优秀的企业家一定是利他主义者，只有利他主义者才能真正地利己。真正的利他主义者能让他的员工通过自己的双手实现价值创造、改变命运，也可以通过服务增强对客户的吸引力，通过服务让社会变得更加美好，让公司成为行业的标杆。罗佳明还秉持这样的信念：行业中优秀的公司一定在先天和后天方面都占据优势，这不仅表现在市场份额上，还体现在以客户为导向的价值观和积极向上的企业文化上，从而形成可以产生较高资本回报的良性循环。

第5章

穿越牛熊阶段后，才能真正理解市场

> 李维，毕业于上海交通大学，曾任银河基金研究部行业研究员。2016 年 11 月加入中欧基金，现任投资经理。

芮萌：能不能简单分享一下，你是怎样走上投资经理这条职业道路的？

李维：我 2012 年毕业以后就进入了投资行业，最开始在一家公募基金公司做研究员，2016 年来到中欧基金。从 2012 年起，我开始研究医药行业，当时的定位是把研究范围从医药行业拓宽到大消费行业。中欧基金发展非常快，远远超出了我的想象，尤其是在 2016 年之后其资产管理规模增长迅速，专户客户需求越来越多。由于我个人的风格、研究思路或者策略比较适合做绝对收益产品，所以领导建议我尝试做绝对收益产品，于是我慢慢地开始独立管理一些专户产品。

绝对收益产品的战略与战术

芮萌：专户客户与一般的客户相比，有什么特殊的需求吗？

李维：我们服务的客户大体上可以分为两类：一类为机构客户，主要是银行和保险机构；另一类是高净值客户。这两类客户对风险收益的要求有比较大的差异。机构客户更多的是要求净值的稳定性，在低波动和低回撤的情况下，争取获得不错的复合收益，即在市场不好的时候尽量少亏钱或者不亏钱，在市场还可以的情况下，能获得不错的收益。我们需要为这类客户提供定制化的策略，来满足其诉求。对于第二类客户，他们的需求并不完全一样。部分高净值客户旗帜鲜明地追求收益，对波动不那么在乎，这时我们就要采用一些高收益率、高波动的策略。还有一部分高净值客户追求偏绝对收益，与机构客户类似，他们就适合低波动、低回撤策略。作为管理人，我们要提前与客户沟通，了解不同客户的需求及其对风险的承受能力，然后制定对应的策略，帮助客户达到他们的目标。

芮萌：你现在主要负责一对一产品还是一对多产品？

李维：一对一产品，服务对象主要是一些机构客户。这也与我的投资风格更加匹配，我比较擅长绝对收益产品。

芮萌：能不能具体分享一下你是怎样操作绝对收益产品的？

李维：其实做绝对收益产品，除了通常的做法——选择好行业的长期成长股，还要阶段性地注意一个问题，即当所选择的公司或者行业在短期内有波动时，投资组合该怎样应对。如果是相对收益产品，那可以不应对，只要找一家好公司长期持有其股票，跟随它成长就行。对于绝对收益产品的投资组合，要想办法在当时的市场背景下为客户获取绝对收益。我们的做法是，从更加均衡的角度看待市场，挖掘的对象不局限于成长股或者价值股，还有一些被市场低估的股票。很多时候，对于成长股，我们需要去发掘，在市场还没有认识到它的成长潜力时就开始布局，从而争取获取最大收益。一些比较传统的行业如公共事业，甚至一些偏金融的行业等，在经营逻辑上发生变化后，市场对其的认知过程相对滞后，容易被大家忽略，这个时候它们往往估值偏低。对于绝对收益产品，我们会花不少时间寻找这种机会。

找到这种机会之后，我们会为投资组合中的一部分仓位配置这类资产。我们的追求是，在未来某个阶段，这类资产能够提供稳定的收益，同时风险可控。这类资产在特定阶段能够平衡整个投资组合净值的波动，这也是做绝对收益产品或者专户产品的一个相对突出的特点。

另外，我们会更多地做一些仓位的择时。做择时需要判断市场，避免市场短期波动对投资组合的影响，这很难。从历史上看，我们在某些特定的重大时刻做的一些抉择，确实是有效果的。举个例子，2020 年新冠肺炎疫情暴发之后，市场波动比较大，我们的投资组合面临回撤压力。根据历史经验分析，对比严重急性呼吸综合征（SARS），我们认为这次疫情会在半年到一年内结束，判断疫情对市场的影响属于短期冲击。虽然疫情持续时间超出我们的预期，但当时的思考还是有用的，我们的投资组合没有太大的变动，只进行了一些结构调整。从长远来看，2020 年疫情时期很多股票位于低点，这是一些优质个股很好的买入点。这就是在一些关键时刻对仓位的抉择，某些关键时刻的抉择对整个投资组合的进攻收益的影响非常大。

还有一点，我们在选择策略时，也会看整个市场的运行状态，思考不同资产的长期性价比。举个简单的例子，过去两三年，整个市场热衷于一些所谓的核心股，它们受到市场的追捧，涨幅较大。2020 年底，对于绝对收益产品是否要高仓位配置这类资产，核心股是否能提供 2 ～ 3 年的绝对收益，我们进行了分析，最后认为核心股的收益风险比其实不高。这个时候，我们就要做出选择，是继续持有大家都追捧的白马股，还是改变策略去市场寻找一些目前被低估但未来两三年可以提供符合预期的收益空间的资产。我们团队经过寻找，发现市场中有很多这样的机会，最终我对在管的绝对收益投资组合进行了很大的策略调整，更多关注自下而上选出的一些被大家忽视的小行业中优质公司的股票。这些公司的普遍特点是受关注度低，所以股票估值都处于比较安全的水平，但它们的业绩趋势已经到了一个拐点，只是还没有在股价上面反映出来。

所以我们在对绝对收益产品做策略调整时，会对不同资产的运行状态、业绩预期、估值水平和长期展望等进行综合比较，找到一些性价比较高的资产后，可以对策略或者投资组合进行一次比较大的调整。长期来看，这种做法更有助于我们争取稳健的绝对收益。

芮萌：总结一下，就是要平滑投资组合业绩的波动，需要结合长期战略性配置和短期机会型策略。

跟投资大师学的选股思路

芮萌：在职业发展过程中，你是怎样慢慢培养出自己的投资风格的？

李维：我2012年进入投资行业，经历了2015年的牛市，现在回头来看，感慨良多，这段经历对我理解很多事情有很大的帮助。2015年，整个市场处于一种很癫狂的状态。作为刚入行两三年的新人，会发出“原来投资是这样的”的感慨，只要编一个故事，描绘一个远大的前景，股价就能涨，而且能涨很多倍。现在回想起来，当时大家可能进入了一个误区，以为投资就应该这样做，这样做效率最高，收益率最好。但其实这是在某个特定时间背景下，一个特殊运行模式呈现的结果，而不是一个市场长期该有的状态。当时我所研究的医药行业也出现了各种概念，如基因治疗、细胞治疗等，我花了很多时间研究这些概念，并找了很多公司。2015—2016 年，股市震荡，熊市来了，市场突然有了一种崩溃的趋势，整个市场变化非常快。

其实长期来看，市场是有底层逻辑的。很多著名的投资大师认为，长期投资要看公司的业绩，它是一台称重机；短期投资就像各种选美比赛，大家对“美”的定义不同或者偏好不同，都会导致很大的不同，这种偏好不具有可持续性。长期来看，一定是能创造价值、业绩的好公司才能够从整个市场中脱颖而出。那时候，我作为新人，对行业没有很深的认知，我开始阅读图书，参考海外投资大师的选股思路，在思考过程中慢慢形成自己的选股标准、投资风格，认识到自己所选的行业或者个股中隐藏的风险。很多时候我们只看到了获取收益的机会，而忽略了其中可能隐藏的风险，以致无法及时应对，那样会对投资组合和投资心态造成很大的影响。

芮萌：一名真正优秀的基金经理需要经历牛熊周期，才能对市场有更加深刻的了解，慢慢形成自己的投资风格。你在工作过程中有很多思考，看了很多的书，也了解了很多投资大师的投资策略。那么，有没有哪位投资大师的价值观是你追随的？

李维：学习了很多投资大师的投资理念后，我认为最重要的并不是得出某位投资大师有多优秀、做法有多精妙的结论，而是认识到这些经历过很长周期的市场洗礼的投资大师，是怎样思考投资的，或者对投资有怎样的认知，我认为这些对我的启发更大。比如，大家都说要投资业绩好、竞争优势突出的公司，但其实在某个阶段，这些公司有两三年的时间表现都非常差，这时你会困惑是不是投资策略有问题，或者不适合A股市场。但在经历市场大的波动以后，跟随一些公司从小做到大，涨幅可能有几十上百倍，在这个过程中你的领悟会更加深刻。那些涨幅惊人的公司，一定符合这些投资大师的选股标准，尤其是长期标准。虽然这些公司曾处于一个经营困难的周期，但这些优秀的公司经过时间的洗礼、自身的沉淀，会走出低谷期，尤其是当外因的变化对它们有助推作用时，它们会成长得更快。2020年，我们对新冠肺炎疫情的影响做了分析，最后发现，很多龙头公司虽然短期内会受到疫情的冲击，但疫情缓和后，这些公司的调整能力、把握市场机会的能力比以前更强了，它们自身的竞争优势增强了，因此获得了一个更加快速发展的机会。这是疫情刚刚暴发时我们没有想到的。当时大家都认为疫情导致消费需求降低，对很多公司尤其是消费品公司会有很大的影响，但后来会发现，有些公司其实获得了一个更好的成长机会，它们的生命力更强了。

大健康和大消费行业的增长逻辑

芮萌：从长期看，资本市场的底层逻辑是不变的。目前，中国的中产阶层在不断崛起，同时也面临人口快速老龄化的趋势，你所关注的大健康、大消费这两个领域在未来有很大的商机。结合刚才你讲到的，好的公司符合一定的长期规律。那么，你在选择与大健康、大消费领域相关的标的时，是否应用了这种逻辑？能不能分享一两家你认为符合这种逻辑的公司？

李维：具体的公司我不方便讲，但可以讲一下我对这两个赛道的长期机会或者长期逻辑的看法，比如大消费行业。大消费行业的核心驱动力，在于大家的收入水平不断提升以后，需求的层次越来越丰富，不仅仅是物质需求，还有精神需求。在需求多样化的背景下，消费者愿意付出更多的金钱来购买高品质的产品或服务，甚至愿意支付溢价。所以我们要考虑的一点，就是未来国内居民的收入是否还有提升空间。从长期来看，做出这个判断很简单，答案是肯定有提升空间。目前，我们整个社会的目标是共同富裕，所以大众阶层收入水平提升的确定性非常高，加之中国有庞大的人口基数，从长期逻辑上看，消费行业蕴藏的机会非常多。

我们观察到，很多行业，尤其是消费品行业，涌现出很多新品牌和新渠道。新渠道可以以更快的速度孵化出更多新品牌，这是以前没有的现象。以前做一个品牌的风险非常高，投入很大，需要通过大量的广告平台推广，渠道比较单一，而且推广效果有限。目前在互联网时代，尤其是在移动互联网时代，打造一个新品牌的周期在明显缩短，这里面有资本的推动，但不可否认的是，新媒体渠道兴起以及大众消费习惯改变之后，一个新的品牌可以借助新兴互联网平台，以相对低的成本快速得到推广，获取第一批消费者，然后不断改进、迭代产品。这跟互联网行业有些类似，互联网产品需要快速迭代，不断改进以满足消费者的多层次需求。消费品未来也会如此，所以我认为长期来看大消费行业的市场非常广阔，不过需要我们去挖掘机会，自下而上地研究。自上而下找到的公司是好，但不代表其中的大品牌能一直存在并成长下去。当前的大品牌很可能会受到新渠道的冲击，没有跟上时代的发展，或者无法满足年轻一代消费者的需求，长期来看它们未来是否依然存在是一个未知数。

另一个是大健康行业。大健康行业的底层逻辑是，大家对健康的追求是无止境的，为了获得健康有时候是不计成本的，健康是绝对的刚需。从历史上看，大健康行业的投资变化是比较大的，医药产业由各种因素驱动，有政策驱动，也有产业发展到一定阶段后人才和资本的驱动。我们现在有人才，有资本，也有完善的产业链，在这种背景下，创新相对于以前是比较容易的。

大健康行业的机会在哪儿？我认为在那些未来能通过创新满足普通大众对健康的追求的企业中。这些企业可以分为两类，一类是医药制药企业，这类企业跟政策的相关性高，它们有一个大买方——医保。从医保的角度来看，国家会不断提高医保资金的利用效率，所以这类企业所面临的情况是，作为大买方的医保对很多产品进行强劲的议价。这会影响产品在企业生命周期中的盈利情况，对此我们在做研究时要慎重对待，其中最核心的一点在于要了解产品未来面临的竞争格局。另一类是医疗服务企业。医疗服务涉及很多刚需，同时也涉及一些消费升级服务，比如对美的追求衍生出的服务，这与大众的消费水平有关。这个市场更像消费市场，受政策影响较小，我们可以从消费品的角度或者逻辑去研究它，它跟消费品市场一样有很大的机会。目前，医疗服务企业受到市场的追捧，长期来看这些企业有比较大的市场空间。虽然短期来看，它们的估值或市值已处在一个比较高的水平，但是目前它们对市场的渗透率处在一个极低的水平，很多三四线城市、偏远地区的人们都还不了解它们的产品或服务。所以，我认为未来它们的市场空间非常广阔。

芮萌：我们在研究公司的时候，要了解时代背景，以及消费者需求的改变。刚才讲到了年轻的消费者，即 Z 世代[①]，这一代消费者与以前的消费者有什么本质上或者偏好上的区别吗？

李维：区别在于消费者对自我的追求。“60 后”和“70 后”，甚至“80 后”生活的年代，物质比较匮乏，那时候大家的追求很简单，就是满足温饱需求，只要产品做得好，并且能铺到渠道里，就能卖得很好，因为消费者的需求就是这些。现在的年轻一代，面对的形形色色的产品太多了，处在一个物质泛滥的阶段。他们更多的是追求个性，吃穿用度要与众不同，而以前年代的人追求共性，我认为这是最大的变化。在现代背景下，品牌商要把握好消费者对独特个性的追求，对一个产品的目标需求进行精准刻画，同时借助媒介渠道定位到消费者并把产品推给他们，等他

① Z 世代是指 1995—2009 年出生的一代人，也被称为“网生代”或“互联网世代”。——编者注

们试用后，再让他们判断这个产品是否契合自己的需求。

芮萌：这也是对消费者的洞察。

李维：是的。以前的消费品无法精准定位到消费者，批量生产后，到各种渠道铺货，再辅以广告“轰炸”，洗脑式推广。但现在大部分消费者的需求不同，品牌方和厂商要能够做出更加多样化的产品，更关键的是以一种低成本、高效率的方法把产品精准地推给消费者。因为消费品细分后，消费群体就变小了，不能再像以前一样通过广告“轰炸”去推广，这样做成本会非常高。

芮萌：谢谢你与大家分享这两个你研究多年的领域画像。随着中国人均 GDP 的大幅增长，消费已经发生了质的改变，从原来只追求温饱到今天追求个性化消费，消费品行业在不断迭代。此外，中国人口老龄化进程加快，再过几年可能就是深度老龄化，所以大健康市场也存在相当大的潜力。

本文内容分享于 2021 年 11 月 1 日。

教授点评

本期的访谈嘉宾是管理大型机构专户产品的投资经理李维先生，他擅长的是绝对收益策略。目前，国内市场上的公募基金多为相对收益产品，以跟踪或超越业绩比较基准为目标。绝对收益产品与之不同，从海外市场绝对收益策略的发展来看，不论市场行情如何，其目标都是获取稳定的正收益，更注重安全性和稳健性，宁愿少赚，也要避免亏损。此策略的优势在市场震荡下行时尤为明显，它更注重帮助投资者规避损失，争取阿尔法收益。

在李维看来，不同类型的投资者对风险收益的要求差异较大，机构投资者更看重基金净值的稳定性，力求在保持低波动和低回撤的情况下获得比较高的复合收益。简单来说，就是在市场行情不好或者熊市背景下，尽可能少亏钱或者不亏钱；在市场行情好的时候，获得不错的收益。李维的绝对收益策略会从整个市场挖掘被低估的具有成长潜力的投资标的，或者阶段性布局具有投资机会的行业，在争取稳定收益的同时，兼顾风险最小化的目的，以期在特定阶段平衡投资组合的净值波动。此外，李维还会根据市场判断对组合进行结构调整，综合比较研究不同的商业模式，分析公司的竞争优势。总体而言，绝对收益策略充分结合了长期战略性配置和短期机会型策略，以追求平滑整体的业绩表现。

第6章

将风险管理贯穿整个投资过程

许文星，毕业于上海交通大学，曾任光大保德信基金管理有限公司研究部行业研究员、投资经理。2018年2月加入中欧基金，现任基金经理。

芮萌：你是怎样从一个理工科出身的人变成一名基金经理的？

许文星：我的从业经历跟金融行业的发展历程有很多机缘巧合。我在学校最早学的是计算机专业，那时候我对金融行业还不太了解，只知道金融行业是一个具有挑战性的领域，我读书的时候误打误撞进入了这个领域。我从行业研究员开始做起，研究的行业与科技相关，这与我过去的学习经历有一定的关系。我做行业研究员的那段时间刚好赶上2012—2015年A股市场表现比较好的阶段，而我所研究的行业在整个股票市场比较抢眼，我印象特别深的是，2015年底我推荐的一些公司的股票涨幅超出了自己的理解范围。那时候我向公司申请了一个机会去研究一些新的行业，尝试研究周期性行业等新领域。

当我跨行业研究的时候发现，我们过去对于高估值资产的风险的理解并不充分。随后就迎来了股市震荡，那是我对行业研究第一次开始进行更立体化的横向比较和思考的一个时间窗口。2015年的股市震荡对我的投资观第一次造成比较大的影响。2016年，我们开始管理一个绝对收益专户产品。绝对收益专户产品与相对收益股票型基金有一些差异，前者更关注风险及投资组合的回撤。2016年初，A股市场恰好赶上了市场熔断，所以我在刚开始做投资时又迎来了A股历史上罕见的连续熔断行情，这样的投资生涯开局造就了我更强的风险意识。

2018年初，我来到中欧基金，那时候上证指数处在比较火热的状态。2018年底，我开始在中欧基金管理公募基金产品，当时中国所处的内外部环境都有很大的不确定性。无论是国内的去杠杆，还是中美贸易摩擦，都给我们的投资带来了很大的挑战。回顾我的投研生涯，对我个人影响特别大的时间节点，恰恰就是市场变化比较剧烈，甚至风险释放的时间点，这也与我进入行业的初心有很大的关系。

我第一次了解基金，源于我的家人当时买了一个非常有名的公募基金产品这件事，在进入投资行业时我发现家人在这只基金上有比较大的亏损。但是若干年后来看，那只基金是当时整个基金市场表现最好的产品之一。亲历了整个投资过程后，我开始意识到，作为一名资产管理人，除了尽可能帮助客户获得更多回报，更重要的是把风险管理放在整个投资过程中的重要位置，因为客户在哪一个时间点申购公募基金尤其是公募开放式基金是很难确定的。我们希望通过我们的工作，持续不断地为客户创造价值，尽可能规避一些不确定性。以上就是我的投资经历中我认为比较典型的几个经历。

芮萌：你非常成功地从一个理工科出身的人转型为一名基金经理，你的学术经历使你追求严谨、科学。投资行业充满了挑战，那么对你来说，投资或者资产管理是一门科学还是一门艺术？

许文星：当我对投资行业不是很了解时，我认为其艺术成分非常大。以大家熟悉的巴菲特的故事为例，我们看到的是他超高的历史回报率，以及他在众多股票中选择 3 ～ 5 只并经过多年积累获得了巨大财富，最终成就了一家伟大的资产管理公司。我们看到的是一个接近于艺术家的投资大师，但当我们真正进入投资行业，尤其是在做了很多资产管理工作后会发现，随着信息技术的发展，信息的传播速度、处理效率以及信息处理在股票市场中对资产定价的影响越来越大，资产管理过程呈现科学化状态。一个典型的案例是，无论是在中国股票市场还是美国股票市场，被动资金的占比都越来越大，其执行效率越来越高，对股票市场的影响越来越大。从某种程度上来说，资产管理有一定的艺术成分，原因在于我们对公司的选择、对行业的判断有很大的主观性，但是具体到投资组合或者长期资产管理上，包含越来越多的科学成分，这使我们的工作效率以及整个市场的效率都提高了。所以，投资是艺术与科学的结合，并且随着信息技术的发展，科学成分在不断增多。

逆向投资，克服小我的冲动

芮萌： 经过这么多年的历练，如果为你的投资风格贴一个标签，你认为是什么？

许文星： 我认为每个人在成长过程中都会有一定的路径依赖。从我个人的经历来看，一个对我影响最大的感悟是，我们所处的是一个充满不确定性的世界，我们在投资管理上所做的很多事情就是要应对这些不确定性。基于这一点，我最终慢慢地形成了一种逆向投资的风格，所以我认为逆向投资这个标签比较适合我。

芮萌： 逆向投资说起来容易做起来难，其中最难的就是克服内在自我的冲动。你在投资过程中是怎样克服这一点的？

许文星： 逆向投资面对的主要问题是人性问题，这也是我们在整个市场或者整个投资过程中经常需要面对的问题。我们往往会遇到一些短期表现不错因而似乎能带来一定回报的机会，以及一些短期来看有不确定性但长期回报更好的机会。通常，我们更倾向于选择后者，在做投资决策时，我们倾向于将风险和收益放在对等的位置，甚至将风险放在更重要的位置去平衡。因此，我们往往会做出一些与市场整体或者市场短期关注方向不同的选择，最终形成逆向投资。从我的投资经历来看，逆向投资确实经常会遇到需要自我斗争的时刻。在美国市场，有一个长期的超额收益非常显著的因子，即 BAB（Betting Against Beta），这个因子所蕴含的投资哲学是，始终与市场的贝塔值做对抗，当市场关注某个领域的贝塔值时，那对这个领域的投资恰恰要更谨慎一点。你只要始终比市场更冷静一些，长此以往，就能够不断累积超额回报，这是我们希望能够做到的事情，也是希望能够为客户呈现的结果。

芮萌：逆向投资策略的执行者要战胜的其实是自我，但我们通常会受到情绪的影响，一端是贪婪，一端是恐惧，过于关注风险的时候就会变得恐惧，过于关注收益的时候就会变得贪婪，我们总是在这两种情绪间左右摇摆。要做逆向投资，首先要战胜内心，其次要战胜周围人对自己的影响，你是怎样做到的？

许文星：根据历史上基金的整体表现，可以总结出基金的两个特点。第一个特点是，长期表现优秀的基金，往往较少有表现较差的时候，更典型的特点是它们往往在熊市表现得更好一些，这也是我们希望通过自己的坚持能够实现的目标。第二个是逆向投资策略的框架和风格在业绩上呈现的特点，对此我们也有预判，我们不会在市场火热的时候还期待有超额收益，这种结果也和我们的初衷相悖，我们更希望能够将风险和收益平衡好。所以我们在争取业绩的过程中，短期内都或多或少地面临这样的困难或压力。但对我们来说，能不能可持续地自我迭代，真正帮助客户创造出价值与收益，才是最值得关心的事情。

芮萌：基金经理的优秀不在于短期内为投资者带来多高的收益，而在于能够成功地穿越熊市和牛市。逆向投资需要一颗强大的内心，你认为在投资过程中，机会是等来的还是创造出来的？

许文星：机会是投资者等来的，但是是企业家创造出来的。基金经理不是投资回报的创造者，我们只是把投资者的资金，投入一些我们认为能够创造价值或者价值被低估的企业，希望通过他们的创造过程帮助投资者获得投资上的回报。

慢就是快，寻找安全边际高的资产

芮萌：你刚才的分享让我想到了基金经理霍华德·马克斯，他曾说过要投资性价比高的资产，即安全边际高的资产。你刚才讲机会是企业家创造出来的，而投资者要做的是找到投资的时间点。

许文星：马克斯的思想对整个投资领域或者投资框架的形成有一定的影响。他在很大程度上强调的是，资产管理人与个人投资者的最大差异在于，资产管理的背后是信托责任，客户把血汗钱交给我们管理，但他们在很大程度上对我们是不了解的，不知道我们每天的工作状态或者工作模式，也不了解我们的知识结构、能力。他们把自己或家庭的财富交给我们，而我们要做的不是用客户的资金去实现个人理想，也不是不顾风险地投资有机会的领域。那样做是不恰当的。我认为资产管理人的第一要义是，把风险管理放在更重要的位置。与个人投资者相比，基金经理的差异点和竞争优势在于，我们看待一个投资机会时会更立体，分析的视角会更多元。我们希望通过努力使投资组合呈现更强的抗风险能力，同时能够可持续地为投资者创造价值。所以马克斯提出的很多想法非常契合我们的理念，对我的影响特别大。

芮萌：一名基金经理最大的社会责任就是勤勉尽责地管理好客户托付给他的资金，其中最重要的就是做好风险管理。管理好风险才会有后面的收益，而如果本金都亏损了，就谈不上收益了。

许文星：我们在投资过程中一直比较关注企业的定价，以及安全边际。在整个投资过程中，通常会出现三个概念，分别是波动、回撤和亏损，客户也经常问我们相关的问题。这三个概念非常接近，很容易混淆。在我们的视角里，只有亏损会给客户造成实际的损失，而波动和回撤只是投资过程的中间变量。造成亏损的情形通常有两种，第一种也是最常出现的情形，就是给企业的定价与估值错误而造成永久性亏损，比如1973年美国出现的“漂亮50”泡沫，2000年出现的互联网泡沫。假设我们在一两百倍市盈率的时候买入某个企业的股票，而它们的市盈率最终稳定在十几倍到二十几倍，那么中间七八十倍估值的损失最终就是永久性亏损，没有办法通过时间来弥补。第二种情形在于企业自身。在行业竞争中，一些企业从相对占优势变成了相对占劣势，甚至所处的行业位置被颠覆者替代或者行业竞争格局面临很大的挑战，这样的企业也是亏损来源，比如当年身处科技行业的柯达。在投资过程中，这两种情形都是需要规避的，前者需要我们对每一次投资决策都抱有敬畏之心，尽可能找到真正的安全边际比较高的资产，不要被市场的短期火热障目而造成永久性亏损。后者要求我们对一个行业或一家企业有更深、更长远的认识，要对整个行业未来的发展方向以及潜在的赢家画像有大致把握。

芮萌：你刚才很好地区分了波动、回撤和亏损三个概念，但投资者通常有“追涨杀跌”的冲动，基金经理该怎样帮助投资者克服这种冲动呢？马克斯有句名言，意思是：最大的风险不是存在于人人都恐惧的时候，而是存在于人人认为没有风险的时候。

许文星：有一个简单且容易观察的现象，如果你身边有很多之前对股票市场一无所知的朋友突然开始不断跟你提及与股票市场相关的事情，那么你反而更需要关注风险。如果你身边很多长期在股票市场有良好记录的朋友，在某段时间因为股票市场的低迷表现而非常困顿甚至有些绝望，这时你就可以去了解一下股票市场是不是存在一些比较好的机会。有一句很有哲理的话——“快就是慢，慢就是快”，也适用于投资，我们越去追逐看上去很快的东西，越有可能适得其反；而我们越以平常心看待投资，效果可能反而会更好。

芮萌：所以，财富管理就是要平衡好科学和艺术的关系，平衡好短期和长期的关系，平衡好贪婪和恐惧或者说收益和风险的关系，只有这样，我们才会成为真正的财富管理者。

那些有远见的企业家

芮萌：超额收益是企业家创造的，你认为企业家的核心能力是什么？

许文星：这与我们在逆向投资过程中会关注的一些特点比较类似，具体地说就是要看面临重大事件时，企业家会做什么样的决策。比如，当市场比较狂热时，我们会更关注风险，同时我们也希望企业家有类似的选择，当行业或者企业处于很好的状态时，企业家能比其他人看得更远，能更有危机意识。他们在企业面临短期发展困境时，也能拒绝一些短期诱惑，为更长远的业务和竞争力布局。这些企业家经营的企业就是我们在投资中比较偏好的。

各行各业都不乏这样有远见的企业家，在国内甚至全球范围内，最典型的具有这种精神的企业家，就是华为的任正非先生。华为从位于小渔村的一家代理公司，一步一步发展成为现在全球最大的通信设备供应商，拥有中国最大的企业级软件业务，现在又开始做集成电路、汽车业务。实际上，华为在发展的每一个关键节点，都面临很大的挑战和不确定性，而任正非先生恰恰能够在非常关键的节点做出与众不同的、与竞争对手有差异的选择，不断拓宽自己的能力范围，从而带领企业不断迭代，创造更多的价值。回顾华为的发展历程，它最开始做的是销售境外通信产品的代理业务，并从中赚取一部分差价，那个时候国内有很多企业在做类似的业务，很少有企业自主研发出产品去替代海外产品。因为自主研发是需要研发投入的，而且其中的不确定性很大。但华为最早迈出了这一步，所以它能成为早期国内通信产品市场的佼佼者，快速在国内市场分到一杯羹。

国内的通信市场其实非常大，但华为决定发展海外市场，而那里的竞争更激烈。华为从一开始就制定了“农村包围城市”的战略，把最先需要突破的市场定在东南亚等地区。这些市场不论是在渠道拓展、品牌认知，还是基础设施，抑或是一些商业规则和技术环境上，对当时的中国企业来说都有很大的挑战。很少有企业敢在那样的情况下，去做长远的渠道业务布局，而华为做到了，所以它能够在全球范围内拓展自己的业务和渠道，通过自己的努力和服务优势抢占市场，最终成为一家在全球范围内有很大市场份额的通信设备企业。

当华为成为科技巨头时，任正非先生又提出，华为面临很大的风险，可能随时会倒下。2005—2006 年，最火的专业之一就是通信专业，全球最大的企业都是通信设备运营商，中国移动是当时全球市值最大的企业之一。那时候华为已经是盈利能力非常强的企业，任正非先生提出华为可能随时面临巨大的风险和危机，说明他看到了行业发展到一定程度之后面临的潜在风险和不确定性。事实上，对全球通信设备运营商来说，2007 年是市场的巅峰时期，之后市场进入比较平稳的周期性发展阶段。在那样的节点，华为开始发展消费者业务。当时国内大多数手机供应商选择的发展路径是，采购美国高通公司、联发科技公司的芯片，谷歌、安卓的系统，做一些外包和集成业务，打造消费者认知层面的品牌形象，最终实现销售。这是一种轻资产、投入比较低或者说进入门槛比较低的模式。但华为选择了一种比较困难的模式，它尝试在很多关键的零部件上做垂直一体化整合，甚至想自主研发主控芯片，当时做出这样的决策面临着巨大的风险。因为芯片行业有很强的马太效应，作为一个行业的新进入者，华为不论是在研发能力、研发投入，还是性价比方面，都远远比不上其他竞争对手。然而任正非先生毅然决定在手机芯片上采用自主研发战略，随着不断自我迭代，华为芯片的效率、计算性能以及产品能力不断提升，最终催生出在产品能力和品牌形象上都非常具有竞争优势的品牌。

当下，华为又面临比较困难的一个阶段，目前的华为不论是在面向企业（To B）的市场，还是面向消费者（To C）的市场，都已经占有全球市场的很大份额，这个时候它会面临政策或者说政治上的一些不确定性，导致很多业务受到影响与限制，甚至是巨大的阻碍。大部分企业面临不可抗力时，会选择大幅调整业务，甚至选择战略转向或放弃，而华为依然在坚持，坚持自主创新、自主可控的研发投入及战略路径。单从短期经济效益分析，集成电路相关设备材料的投入产出比其实是非常低的，但是华为为什么还要持续投入？因为从整个科技产业的微笑曲线来看，从下游的应用程序到中游的终端，再到上游的集成电路，华为已经攻克了很大一部分技术难点，最困难的部分就在眼前，即便没有环境的约束或限制，华为发展到当前的状态也是需要攻克这样的技术难点的。这样的技术发展趋势也与全球其他科技企业的发展趋势产生了共振，比如苹果、特斯拉，它们不再仅仅满足于只做应用程序或产品，而是逐渐开始向上游的集成电路和芯片发起挑战。华为敢于在竞争对手不敢投入的时候，做长远的投入和布局；在面临困难的时候迎难而上；在受到追捧的时候及早地意识到行业的潜在风险。从这几点来看，我认为任正非先生是一位真正的企业家，他具有远见、风险意识及战略能力。

芮萌：是的，一家伟大的企业背后都有一位伟大的企业家，一位伟大的企业家面临不确定性时敢于做出选择。刚才你分享了任正非先生在华为的三个关键节点做出的三个艰难选择。从国内到国外，从 To B 市场到 To C 市场，从原来的简单业务到向上游的拓展，都是非常艰难的选择。从任正非先生身上，我们能学到很多东西，你是如何将其融会贯通，应用到平时的工作中的？它们为你的投资决策提供了怎样的帮助？

许文星：很多企业或许没有华为这么伟大，但是或多或少都会经历类似的状态，每家企业都会有发展上的波峰和低谷，有不同的经营周期。不同的企业家或不同的企业会做出不同的选择，一些企业与市场中的一些投资者一样，会追逐短期利益，在看到行业中出现短期商机时会非常激进，会通过加杠杆的模式以很低的成本获取这些商机，即使获得的短期回报没有长期价值，他们还是会这么选择。当行业低迷时，有些企业会选择收缩自己的业务、产能，以减少自己的亏损及经营压力，也有一些企业在行业低迷或自身经营有波折时，更加敢于投入研发资产。从短期的经营绩效来看，这些研发投入会对企业造成负面影响，导致当期经营状态更差。但相对来说，那些在行业很火热时投入很多资源、加很多杠杆的企业，在行业短期的“疯狂”过去后，最终不会剩下什么。

其实很多行业都是螺旋上升的，当行业从萧条期重新进入复苏期时，在行业低迷期做前瞻性布局的那些企业，就能借机扩张自己的市场份额。从投资角度来看，我们会更倾向于选择这类企业。这类企业在行业低迷期做前瞻性布局时往往会呈现出比较高的估值水平，这与市场投资者结构有很大关系，因为此时该企业的短期盈利出现较大波动，大量投资者会认为企业的当期盈利有很大的不确定性，导致该企业在市场中不怎么受关注，相应地，它的估值水平也会有一定的折价。这就给了基金经理一个比较好的投资价格。无论是在新兴产业，还是传统产业，很多行业龙头企业，无一例外都曾在过去面临行业困境或外部冲击时，做出了更好、更长期的决策，这样的企业能在每一次行业的自我迭代中抢占先机。这与基金经理是类似的，很多业绩长期优秀的基金经理，也是在市场糟糕的时候能让在管基金呈现出比较好的超额收益。

芮萌：其实基金经理和企业家有很多共性，基金经理为投资人争取创造阿尔法收益，也就是超额收益，而企业家是为股东创造价值。优秀的基金经理可以顺利穿过牛熊市，优秀的企业家在行业面临寒冬时仍然对未来充满信心。

许文星：巴菲特有句名言，意思是在所有人贪婪的时候，我们要恐惧一点；在所有人恐惧的时候，我们要贪婪一点。这其实就是逆向选择，基金经理需要逆向选择，企业家也需要逆向选择，这样才能在冬天到来的时候仍然看到春天的希望。

从短期到长期

芮萌：中国投资者目前拥有短期心态的仍然居多，你认为怎样能说服他们长期持有？

许文星：我认为这需要长期的投资教育。这几年其实出现了一些很好的变化，在大类资产配置中，如房地产资产的长期回报的预期水平开始走平，甚至开始出现边际吸引力下降的情况。股票是一种长期资产，企业经营的变化、行业的变化都需要时间去沉淀。个人投资者如果未来能够以投资房地产的思路和想法在股票市场做投资，那么对财富管理或者个人财富价值的创造而言，可能是一件好事。

芮萌：随着中国人口结构的变化、“房住不炒”政策的实施、刚性兑付的打破，未来财富管理一定会从“砖头”时代转向权益时代，基金特别是公募基金无疑将迎来一个春天。另外，人口老龄化一定会带来人们对养老问题的关注，那中国养老产业基金的春天是不是也到了？投资过程中最需要关注的就是一些长期趋势，从产业的发展来看，你认为其中最确定的一个趋势是什么？

许文星：其实有几个趋势是不会因为短期的变化，如政策、市场、宏观环境的变化而变化的。其中最显著的趋势，就是人口老龄化，不仅是与养老相关的产业，还有很多制造业、服务业等相关行业的供需关系都会发生变化。这样的时代背景，再加上中国从过去的人口红利和工程师红利制造业大国慢慢转向成为越来越重视核心技术、科技类产业发展的国家这一趋势，使我们清晰地看到，消费、科技、医药等行业长期的发展潜力和发展空间是比较大的。

芮萌：是的，我非常期待养老产业基金能够在未来给投资者带来更高的回报，让他们可以过上非常有尊严的退休生活，这对社会及大众来说都将会是一个喜讯，也是我们一直追求的目标。非常荣幸和文星一起聊了如何从一位伟大的企业家身上看到一名优秀的基金经理的特质，他们的共同之处就是能够抵御短期诱惑，追求长期价值，为自己的股东、投资者创造丰厚的收益。这对企业或投资者来讲，无疑是一件伟大的事情。

本文内容分享于 2021 年 1 月 6 日。

教授点评

本期的访谈嘉宾是擅长逆向投资的基金经理许文星先生，他的核心投资框架在于通过研究找到那些被低估的企业。这样一方面可以获得足够的安全边际，另一方面可以获得对未来不确定性风险的补偿机会。逆向投资过程是对专业和人性的双重考验。在许文星看来，人性在逆向投资过程中是很重要的因素。在投资决策过程中，逆向投资倾向于把风险和收益放在对等的位置，甚至把风险管理放在更重要的位置，因此他会做出一些与市场整体趋势和短期关注方向不同的选择。

许文星认为，投资机会是由企业家创造的，投资那些真正能创造价值或者价值被低估的企业，在长期力量的作用下可以获得净值上的回报。从投资的角度来看，企业在景气度低的时候做长远布局，虽然牺牲了一些短期利益，但实际上有益于企业长期价值的增长。因此，他尽可能地寻找安全边际较高的一些资产，在盈利和估值都处于低位时，布局有竞争力的高质量企业，从而得到比较好的风险补偿以应对不确定性，同时规避那些由市场短期火热造成潜在永久性亏损的投资。和许多逆向投资者一样，许文星相信周期，认为过于拥挤的交易会影响未来的收益率，因此他会耐心跟踪分析行业和企业业务发展的早期迹象，在不确定性中捕捉企业困境反转的机会。

第 7 章

像做主权基金一样做个人投资

周小鹏，毕业于对外经济贸易大学，曾任工银瑞信基金渠道经理，广发基金渠道经理、北京分公司总经理。2015 年 11 月加入中欧基金，现任财富管理部总监。

芮萌：我们就从财富管理的话题切入，虽然财富管理行业在过去几年发展很快，但事实上，中国投资者现阶段财富管理知识了解得还不够全面。之前你在其他采访中提到财富管理其实过了两道坎，第一道坎是让客户不要投资股票，而要投资基金；第二道坎是让客户不要自己投资基金，要找专业人士帮忙。你是怎样说服客户从而跨越这两道坎的？

周小鹏：坦白讲，我们过去在这两方面做了很多努力，但是效果并不好，我认为我们没有任何能力说服客户。现在第一道坎基本上已经跨过去了，还有第二道坎要过，最终能跨过这两道坎的情况只有一种。

芮萌：就是客户自己交了足够多的“学费”。

周小鹏：对的，只有客户交了足够多的“学费”，这两道坎才能跨过去。

芮萌：其实这是一个很漫长的教育投资者的过程。国内基金经理以全委托的方式帮助投资者配置投资组合的形式，类似于国外主权基金的投资管理模式——配置比择时、择股更重要。

周小鹏：是的。

主权基金的前世今生

芮萌：普通基金针对个人投资者的资产，而主权基金针对国家的资产。从投资理念来讲，两者是非常相似的，你心目中有没有非常推崇的主权基金，值得个人投资者学习其投资管理模式？

周小鹏：我心目中非常推崇的主权基金是挪威主权财富基金，我一直在学习其投资管理模式，我每年都读它的年报。

芮萌：很多读者对主权基金不太熟悉，你能不能介绍一下主权基金？为什么挪威能够做一个规模这么大的主权基金？

周小鹏：挪威主权财富基金的前身是挪威石油基金。20 世纪 70 年代，挪威发现了一块大油田，这也就相当于拥有了这部分资源带来的巨大财富，于是挪威政府在 1990 年成立了挪威石油基金。1998 年，挪威银行投资管理公司（NBIM）成立，负责挪威石油基金的日常管理工作。这只基金到 2006 年变成了挪威主权财富基金，主要负责通过日常的组合管理和负债管理来平衡投资组合每年的收支。挪威政府希望把这只基金做大，以应对长期的财政预算情况和一些突发情况。挪威主权财富基金不完全负责日常养老金的支出，所以不属于养老金机构。每个国家都有主权基金，比如中国投资有限责任公司（以下简称中投）、新加坡政府投资公司（Government of Singapore Investment Corp，GIC）、加拿大养老金计划投资委员会（Canada Pension Plan Investment Board，CPPIB）。全球有很多优秀的主权基金，而我之所以非常推崇挪威主权财富基金，是因为它有两点让我印象非常深。一是管理规模非常大。挪威主权财富基金 2020 年披露的年报显示，其资产规模达 1.3 万亿美元。我们都知道，管理规模越大，管理难度就越大。二是挪威主权财富基金在纪律化投资方面的坚守，这在众多大型资产管理机构中堪称典范。

芮萌：挪威主权财富基金管理 1.3 万亿美元的资产，它的管理团队有多大？

周小鹏：挪威主权财富基金的团队，也就是挪威银行投资管理公司实际上并不是很大，大概有几百人，主要负责日常管理，而挪威主权财富基金的决策权属于国会，他们认为钱是挪威全体国民的，所以决策权应该属于全体国民的代表，也就是国会。这几百人除了自己负责日常管理外，也会借助于外部管理人，这些外部管理人很多是自营的机构。根据《证券时报》的数据，挪威主权财富基金投资了 73 个国家中共 9 000 多家公司。在 2020 年的年报里，挪威主权财富基金披露了一个想法，即希望能在足够分散的前提下，基于所投国家的背景以及上市公司的指数，适度减少投资标的，从 9 000 家左右减少到 6 600 家，尤其是减少对一些小盘股的投资，这个想法通过内部管理或者委外管理的方式来实现。

芮萌：挪威主权财富基金进行内部管理和委外管理的占比分别是多少？

周小鹏：内部管理的占比为 70% ～ 80%，委外管理所占的比例较低。大型资产管理机构在委外管理和内部管理方面，有很多流派，比如耶鲁大学捐赠基金实际上就是走了一条委外之路，而挪威主权财富基金选择的是以内部管理为主。但是挪威主权财富基金最近几年披露的年报显示，能够创造较高超额收益的，反而是委外的那部分，所以它在 2020 年的年报里提出了一个新的想法，即进一步增加委外投资，通过外部管理人来管理资产。

挑选基金经理的标准

芮萌：委外投资涉及基金经理的挑选，挪威主权财富基金挑选基金经理的标准是什么？

周小鹏：这个话题非常值得讨论。在实际工作中我们发现，对基金经理的选择是一个投资者非常关心但又很困惑的问题。大部分个人投资者选择基金经理时主要看基金经理近期的业绩排名，尤其是过去三个月或过去半年的业绩排名，或者寻找排名在最前面的那几只“冠军基”，也就是所谓的顶流基金是谁在管理，哪些基金经理的曝光度最高。但挪威主权财富基金反其道而行之，它首先考虑的不是基金经理本人，而是他所在的基金公司。资产管理行业实际上是一个轻资产行业，没有机器设备、厂房等，属于知识密集型产业，最值钱的就是人。只有当基金公司有一个好的股权结构时，才能充分调动基金经理的积极性。股权结构的设计在全球范围内是一件非常重要的事情。此外，基金公司的管理层是否足够稳定、优秀，也决定了基金经理能否长期持续地工作且工作得很愉快。如果管理层不够优秀，就好比一个球队里的教练团队不够优秀，他们给了优秀的球员很多不科学的指导，让球员觉得很烦，没办法很投入、很开心地踢球。因此，挪威主权财富基金非常关注基金公司管理层能否提供一个足够好的平台，让基金经理很投入、很开心地工作。所以挪威主权财富基金首要看的是基金公司，而不是哪些基金经理名气最大或者短期业绩最好。

芮萌：这是一个团队协作的结果。

周小鹏：然后是选人，基金经理同样也很重要。实际上挪威主权财富基金不太看短期（比如过去三个月或半年）的投资业绩，很多海外投资人来国内寻找基金经理时，无论寻找的是公募基金经理还是私募基金经理，都有一个前提条件，就是基金经理需要具备一个5年期的完整的业绩记录，如果没有，那即使基金公司极力推荐，海外投资人也只会关注这个基金经理但不会选择，等到该基金经理攒够5年的业绩记录时才会再考虑选择他。国内的很多个人投资者在买入基金时不会关注这一点。挪威主权财富基金为什么会要求基金经理有一个5年期的完整的业绩记录？因为它认为在新兴市场国家，股市基本上5年就可以穿越一个完整的牛熊周期。除了5年的时间维度上的限制外，挪威主权财富基金也会看重基金经理的业绩，虽然也会看基金经理过去三个月或半年的业绩，但更重要的是看业绩的归因分析，即这只基金是怎样赚钱的。所以，挪威主权财富基金有时候反而会规避一些短期回撤很小、净值增长很快的基金。

举个例子，2021年2月18日到3月9日，基金市场出现了一轮快速的大幅下跌，紧跟着市场又持续反弹，有的新发基金在大跌之前的回撤很小，只有三五个百分点，而在市场回弹后净值涨了十几二十个百分点。很多个人投资者看见以后可能会认为这只基金很厉害，但挪威主权财富基金反而不会买，因为它能看出这些新发基金之所以会这样，一定是进行了非常大的仓位的择时，也就是刚开始不建仓，一直等跌到很低的时候才开始去建仓。其实全球共同基金的基金经理在成熟市场上基本已经不做大的仓位调整了，因为大家发现择时完全是靠运气的，常常是负贡献。国内优秀的基金经理基本上是从中观的角度出发，在行业配置上自下而上地选择公司，在这种情况下做大仓位的择时是很难的。所以挪威主权财富基金反而会规避这类基金。当然这只是第一步定量分析，下一步他们会与基金经理进行深入沟通。如果发现基金经理不是通过择时做出业绩的，或者基金经理就是通过择时做出的业绩但胜率很高，那挪威主权财富基金可能也会选择这些人，但下一步一定是考虑基金规模，在一个小规模的基金里做大仓位的择时是有可能成功的，但一旦规模大了，这种做法是不行的。

再下一步，挪威主权财富基金关注的是波动性，波动性分为基金经理预期的波动性和实际的波动性。一般情况下，通过定量分析筛选出目标对象后，挪威主权财富基金在与基金经理交流时，关注的是基金经理对自己所构建的投资组合的波动率的预期，以及他们通过哪些方法来让波动率达到这个预期范围。挪威主权财富基金会将基金经理对投资组合的预期波动率记录下来，之后不是开始做回测，就是观察这个投资组合的实际波动率与基金经理给出的预期是否相符，实际波动率是不是按照基金经理所描述的方法来控制住的。挪威主权财富基金不希望自己所选择的基金经理在被选择之前是一个样子，之后是另一个样子，所以它要考虑策略的一致性，即基金经理描述的业绩在未来能否保持。但其实，没有一种策略能在不同的市场风格下都有效，所以挪威主权财富基金也会关注基金经理的策略在什么市场风格下是有效的，在什么市场风格下是无效的。当处于某种市场风格下，基金经理的策略无效导致其业绩表现不好，但策略本身没有问题时，挪威主权财富基金不会认为自己选错了人。但是个人投资者如果不考虑刚才我们谈到的这些，单纯只看业绩，就会有一种上当受骗的感觉，他们会不明白为什么一只基金在自己买入之前特别优秀，在买入以后业绩和投资风格就变了，其实不是变了，而是他们选择基金时没有从多重维度去看。

芮萌：刚才我们谈的虽然是一只全球性大型主权基金，但是也能让中小投资者借鉴很多经验，如组合比个股更重要，配置比择时更重要。在选择组合时，要看四个方面：第一，要看基金公司的股权结构和激励机制；第二，要看基金经理至少 5 年的成功穿越牛熊周期的业绩；第三，要有明确的归因分析，知道基金经理的能力来自哪里；第四，要看基金经理如何控制风险，即基金的波动率表现。

强大的产业链助力科技平权

芮萌：你尊敬的或者你认为最优秀的中国企业家是谁？

周小鹏：中国优秀的企业家非常多，如果只谈一位，我想谈谈大疆的汪滔。

芮萌：在这么多“80后”企业家中，你为什么选择谈汪滔？

周小鹏：中国“80后”企业家现在非常多。我选择谈他与时间当口有关系，最近两年中美发生贸易摩擦，并扩展到了科技领域。大家非常焦虑，但我想告诉大家没有必要那么焦虑，虽然我们遇到很多“卡脖子”问题，但是也有一些中国公司在被卡着脖子的时候胜出，比如大疆。当时美国先卡了华为的脖子，接着又卡了大疆的脖子，大疆是做无人机的，是一家非常独特的公司。中国很多公司聚焦在国内消费市场，而大疆的营收很大一部分来自北美市场。美国当时向大疆加征关税，想把它彻底踢出北美市场，大疆针对关税比例对产品进行了相应的提价，将这部分溢价转嫁给北美的消费者，因此大疆的销量和市场占有率反而有所上升。

这相当于美国政府给大疆打了一个广告，美国没有成功卡到大疆的脖子，与汪滔技术出身的极客背景有很大关系。汪滔是中国“80后”企业家中非常专注于硬科技，并通过硬科技的碾压级实力突破美国封锁的一位，他给我们带来了信心，也让我们看到了中国在硬科技上的未来。我身边的很多人，从2018年开始都非常焦虑，认为中美贸易摩擦会给中国带来很多负面影响，但其实我们要做的就是把自己的事情做好。大疆就是这么做的，它专注于把自己的产品做好，不断提升技术能力。我国人口基数大，工程师数量多，他们非常勤劳、非常聪明，如果能出现越来越多像大疆这样的公司，再加上中国政府的科学管理，那么中国会很有底气的。之前有经济学家分析，一个国家要想可持续壮大需要很多条件，比如资源、人力资本、金融资本、制度等，但其中最重要的是人。中国在教育上的投入非常大，而且一直有勤奋的教育工作者在持续耕耘，帮助大家获得更好的教育，因此社会可以不断进步。现在“80后”企业家的知识结构、思维方式与“60后”企业家相比有很大差异，这未必是说明前者比“60后”企业家更优秀，而是说明社会在进步，教育也在进步。

芮萌：你刚才形容汪滔时用了一个词——极客，极客精神在今天叫作工匠精神，为什么“60后”“70后”企业家中很少出现像他这样有工匠精神的人？

周小鹏：原因可能是当时的大环境使大家都变得浮躁，但正是因为“60后”“70后”企业家打下的物质基础，我们才可以静下心来做好一件事情。

芮萌：从汪滔身上，我们首先看到的是他的工匠精神，他能把一件事情做到极致，除此以外他身上还有没有其他可以代表“80后”企业家精神的特质？

周小鹏：我认为他身上还有一点特别吸引我，那就是进行科技平权。汪滔不是世界上最早做消费级无人机的，但是现在全球消费级无人机市场大部分的份额被大疆占据，因为他通过专注于技术的工匠精神以及优秀的成本控制，让消费级无人机成为每个家庭都买得起的产品。在他之前，航拍一体的消费级无人机一方面需要有足够专业背景的人自己组装，另一方面它的价格非常高，动辄几万元。大疆做的航拍一体消费级无人机，从精灵 Phantom 到精灵 Phantom 4，从 Mavic Air 到 Mavic Air 2，操作越来越简单，成本控制做的也非常好。曾经有日本公司的员工把大疆的 Mavic Air 2 拆开以后发现，其成本非常低，而且里面 80% 的零件都可以在电脑、手机或平板电脑上找到。这就说明大疆的成本控制足够优秀，有能力把无人机的价格降到以前的 1/10。与此同时，产品的质量也很过关，在北美市场可能找不到比其性价比再高的竞品了。

芮萌：大疆把产品做得够便宜，质量又够好，让普通消费者都能消费得起。汪滔在访谈中曾谈到他的一个愿望，通过科技改变世界，让普通消费者受益，为社会创造价值。

周小鹏：不得不感叹，很多中国企业都做到了这一点。中国企业之所以能做到兼顾成本与质量，与中国的产业链有非常大的关系。汪滔曾说，在中国，只要有想法，就会有人把产品画出来，有人负责组装，有人负责生产，在美国可能需要三个月左右的时间才能把整个生产线打造好，而在中国可能只需要一天，中国配套的产业链非常强大。

芮萌：刚才你的分享让我们看到，一位中国“80 后”企业家之所以能成功，是因为他身上有两个特点，第一，他是一个富有工匠精神的工程师，能把理念从 0 变成 1；第二，他是一位成功的企业家，能通过批量生产把 1 变成 N。这也归功于中国市场足够大，有非常完整的产业链，这些是其他国家所不具备的要素。基于这几点，你刚才为我们描绘了中国制造业的未来，其实我们不用怕国外的封锁，我们要对自己有信心，只要我们有越来越多这样的人，越来越多这样的企业，专注于把自己的事情做好，就可以战胜困难。

投资前先选好赛道

芮萌：中国既有像汪滔这样具有工匠精神的工程师，又有完整的产业链作为摇篮，未来“中国制造”会继续引领世界。对投资者来讲，其中有什么启发或者可借鉴的？

周小鹏：投资者在对未来进行投资时，首先一定要选对赛道，选的赛道要能引领未来的发展方向。比如，大疆在过去这些年经历了一个快速发展的过程，在大家还不太关注消费级无人机的时候，它就开始专注地把这个市场做起来，通过科学技术的进步，不断创造出新的需求，进而创造出新的市场。选择好赛道之后，我们要在投资过程中倡导长期的纪律性投资，一个长期投资者要关注自己所投的方向能否带来足够的回报。在我看来，投资的风险其实有两种，第一种是本金永久性灭失的风险；第二种是投资到期后没有达到预设的投资目标，这也是被很多人忽视的一种投资风险。赛道要足够大才能带来足够丰厚的投资回报机会。很多优秀的“80 后”企业家所在的领域，如光伏、风电等新能源，都是目前比较好的赛道。另外，我们要在赛道里找龙头公司。当下的龙头公司不一定是未来的龙头公司，一些行业或赛道在未来会发生很大的变化，这就需要我们持续地跟踪研究，才能找到值得投资的公司。好的赛道加好的公司才能为投资者带来好的回报，这个寻找的过程非常专业、枯燥且需要花费大量时间，个人投资者很难做到，所以还是得依赖专业的团队。

芮萌：所以，在选择未来投资方向的时候，赛道很重要，有的赛道在眼前，有的赛道需要慢慢摸索才会显现，比如消费级无人机，看上去其应用场景很少，但今天其实在不断增多。

周小鹏：现在航拍一体的消费级无人机市场基本已经饱和了，很多无人机公司开始向其他方向转型，比如做农业植保，通过无人机洒农药，新疆产棉花的流程里对无人机的应用已经非常普及。再比如消防安保救援，这属于无人机的工业级应用。未来还会出现无人机物流，可以快速送达消费者需要的物品，但目前还存在一些技术上的障碍，这种应用对于全球定位系统（GPS）信号的要求非常高，并且在抗强电磁方面还需要有技术上的突破。现在还有一些无人机公司，比如大疆，开始发展车规级产品，进入新能源汽车领域。

芮萌：汪滔让中国的投资者看到了希望，其实中国并不缺乏硬技术，在这方面有没有信心主要取决于我们的心态。快钱其实是赚不到的，世界上的财富永远留给那些愿意花时间、花精力来投入的人。如果一个赛道目前很宽但是人很多，最后就可能很容易变成同质化竞争的红海；而一条不起眼的小路可能走着走着就宽了，能为投资者带来获得更高回报的机会。

周小鹏：其实在创业之初，汪滔的创业团队只有 4 个人，而且在第一个产品做出来之前其他 3 个人就离职了，因为那时候完全看不到无人机市场。大疆在发展中遇到了来自强大的北美公司 3DR 以及全球几百个无人机厂商的竞争，一路走来非常艰难。但汪滔并没有考虑短期收益，他考虑的是如何把技术做得更好一点，如何把成本控制得更低一点，脚踏实地。这里不得不提一下香港科技大学的一位教授，这位教授在汪滔最困难的时候为他带来了资金和人才，有了这些支撑，汪滔才能一路走下来。

芮萌：小鹏总刚才为我们描绘了一个非常美好的愿景，今天的中国和 40 多年前的中国不一样了，我们经过 40 多年的改革开放，经历了很多从 0 到 1 的过程，用实力证明中国人可以靠自己的能力实现小康。从小康向更加富裕的社会发展需要中国人民的共同努力，汪滔让我们看到了希望，财富是他长期坚守工匠精神的收获。汪滔的成就也给了我们很多投资方面的启示，希望对大家有所帮助。

本文内容分享于 2021 年 7 月 1 日。

教授点评

本期的访谈嘉宾是中欧基金财富管理部总监周小鹏先生。在他看来，从财富管理的维度出发，投资组合比单品更重要，资产配置比择时更重要。他非常推崇挪威主权财富基金的投资管理模式。挪威主权财富基金通过坚守纪律化投资，在过去获得了长期稳定的优异回报。挪威主权财富基金充分结合了内部管理和委外管理的优势，把专业的事交给专业的人来做，在坚持投资纪律的前提下实现资产组合的全球配置，这不仅为基金提供了超额收益来源，而且降低了基金的风险敞口。委外管理可以扩展投资的边界，挪威主权财富基金的成功与其对基金经理的选择密不可分，而其选择标准并非基于基金经理近期的业绩表现或者业内排名，而是首先看基金经理所属基金公司的股权结构，考察公司激励机制能否充分调动基金经理的积极性；其次看基金公司的管理层，考察管理层的稳定性和优秀程度，以及能否为基金经理提供一个可以充分发挥才能的平台。

其实挪威主权财富基金选择基金经理的标准在一定程度上呼应了前文提到4P体系，即团队、理念、平台和流程。其一是团队，通过建立一个研究驱动、纪律型投研团队，充分聚焦人的作用；其二是理念，投资理念要高度一致，坚持基于基本面的研究和长期投资，在投资过程中要保持高度的纪律性；其三是平台，持续打造高度标准化、透明化的平台运作机制，实现投研过程中数据管理、风险管理与内部流程控制的标准化；其四是流程，流程是基金行业由粗犷向精细化发展的改革重点，未来投资流程将向生产线式、高度细分、高度专业化的方向发展。

个人投资者在选择公募基金时也可由此获得一些启示，首先看基金公司能否为基金经理提供一个稳定的并能让他们全方位施展能力的平台，以及是否有相关的激励措施；其次看基金经理至少 5 年的业绩表现，因为通常 5 年时间可以完整穿越牛熊周期；再次要对基金经理的业绩进行明确的归因分析，由此判断其能力来源；最后看基金经理的风险管理策略能否降低基金的波动。

第 8 章

投资中最大的确定性就是永远在变化

李欣，毕业于英国南安普顿大学，曾任国海富兰克林基金管理有限公司研究员、银河基金研究员。2016 年 1 月加入中欧基金，现任投资经理。

芮萌：能不能介绍一下你的职业生涯发展路径？

李欣：我现在在中欧基金专户投资部门做一名投资经理。我 2010 年入行，从买方的研究员开始做起，研究范围涉及整个中游制造业，包括现在大家耳熟能详的电力设备与新能源行业、2010 年很火的汽车行业，以及最基础的机械制造行业。我在 2016 年 1 月加入中欧基金，成为一名公募基金经理，然后在 2018 年逐步开始转型做专户基金产品。目前在中欧基金专户产品的管理规模中，我管理的产品占了比较大的一部分。在我管理的产品中，一部分和相对收益的公募基金类似，另一部分是绝对收益的专户基金产品。我的职业生涯发展路径概括来说就是，2010—2015 年从事研究工作，2016 年到现在从事投资工作。整体来说，我算是一个年轻的老兵。

芮萌：你的投资经历有两段，前一段是管理公募基金，现在是管理专户基金。公募基金和专户基金在投资方法论或者投资理念上有没有差异？

李欣：两者是有差异的。但我们一直强调，投资中最大的确定性就是它永远是变化的。

芮萌：是的。

李欣：所以，投资一直是在投资不确定性。我认为公募基金和专户基金的区别，除了投资框架不同之外，主要在于投资规则的不同。在管理公募基金时，我的投资框架相对比较纯粹，就是先找到优秀的公司，然后以合适的价格买入其股票，同时尽量不做择时。在管理专户基金后，优秀的公司、合适的价格这两个标准没有变，同时我还会尽量不买入市场预期一致且预期差相对较高的标的，以及尽量长期持有买入的标的。这种差异基于客户需求的不同以及市场的波动，所以我认为差异是很大的。

优秀的公司和合适的价格

芮萌：你刚才讲到首先要找优秀的公司，什么是优秀的公司呢？或者你心目中优秀公司的标准是什么？

李欣：对于优秀公司的界定，有人认为是有优秀的财务报表，有人认为是有优秀的管理层。在我看来，这两者是优秀公司必须有的，但更重要的一点是，优秀的公司具备逻辑上的一致性。投资经理在调研公司时，想见的往往是公司的老板或者高管，而见得最多的往往是公司的董事会秘书或者财务总监。我个人更善于做自下而上的调研。在调研过程中，我希望见到公司的中层、高层，甚至基层员工，以及一些业内专家。我会反复做逻辑上的推敲。为什么优秀的公司一定要具备逻辑上的一致性呢？如果一家公司的董事长或总经理表现出来的是对金钱非常淡然的态度，那么他在做好主业的同时，可能就不会在其他业务上"朝三暮四"。他们招聘员工时可能更注重应聘者的专注力。除了评估公司的财务状况，以及领导层的逻辑一致性，我还会看公司的技术人员、营销人员，以及董事会秘书和财务总监是否与领导层一样诚实本分。另外，如果老板很严厉，那么其员工可能大都遵守规则、谨慎。这是我特有的一个角度，也就是不只是基于管理层诚信与否、公司业绩好坏来评估一家公司，还会从所有人员的逻辑一致性角度做出评估。这样做出的评估，效果会更长久。这就是我对优秀公司的定义，和别人的会有一些区别，别人强调的是财务数据，但是我认为，财务数据在很多时候只是一个结果。当市场好的时候，一家公司的财务数据好，我们去买入其股票，这没有问题。当市场不好的时候，公司进入隐忍期，此时公司的财务数据往往还不错，但可能出现的风险是，此时公司财务数据未呈现出问题，而公司股票跌了很多。所以我认为，只有基于对逻辑一致性的判断，才能坚定地持有一只股票更长时间。

芮萌：刚才你分享了优秀公司的定义，那么什么是合适的价格呢？以合适的价格买入股票是很难的。

李欣：我认为合适的价格是动态的。举一个例子，某些行业的股票无论是绝对股价，还是估值，都不算高，那这是不是合适的价格呢？有些人认为不是，因为没有太多的增长性。我是做成长股的投资经理，所以在我眼里，合适的价格一定是动态的，而非静态的。我会对公司做长期评估，动态地评估其估值水平、市值水平、未来利润空间，以及产业链布局。同时，我也会做一些静态评估，包括评估当下的市场情绪，以及该市场情绪下公司的经营状态。只有将动态评估和静态评估结合起来，才有可能以合适的价格买入股票。同时，以合适的价格买入股票是需要忍耐力的，因为市场的波动不是通过一两家公司就能表现出来的。对于价格合适与否的判断，关键是看这家公司的顶点在哪里。简单来讲就是，合适的价格取决于一家公司的起点到顶点的空间有多大。比如，从发展状态角度来看，公司现在是刚刚起步，还是已经到顶点；从公司的生命周期来看，公司是处于初创期、成长期，还是成熟期。简言之，就是要看公司未来的发展潜力。

芮萌：如果用一个技术指标来衡量价格是否合适，那么市盈率相对盈利增长比率（PEG）是不是这样一个技术指标呢？

李欣：2016年前后，我刚开始做基金经理时，整个市场喜欢应用PEG指标。2017—2019年，大家更关注长期护城河，或者现金流折现（DCF）这一估值理论。到了2020年，大家又开始应用PEG指标。相对来说，这些属于比较估值法。我更多的是衡量投资标的的短中期状态，衡量价格是否合适的指标有两个，即市盈率和PEG，这两个指标都是短中期指标。如果投资标的的景气度不错，且PEG足够低，同时市值空间足够大，就可以考虑买入了。

芮萌：和做公募基金相比，你在做专户基金时，前两个标准没有变，但第三个标准从尽量不择时，变成了尽量不买入市场预期一致且预期差相对较高的标的，以及尽量长期持有已买入的标的。尽量不择时与后两者的区别在哪里？

李欣：我认为区别有几点。第一点，过去A股市场受到的关注度没有现在高，特别是没有2020年新冠肺炎疫情之后的关注度那么高，所以以前大部分公司或行业都处于平衡运转状态。在这种情况下，投资专户基金可以尽量不做择时，因为公司或行业不会有过度的反应。自2020年以来，在A股市场，投资者无论是对公募基金，还是对私募基金，无论是对一级市场，还是对二级市场，以及不同的投资方式，比如量化投资，都越来越关注。中国居民的投资也慢慢从房地产转向了基金。在这一过程中，A股市场的资金增多，变得更有吸引力，外资越来越愿意来投资。其实 A 股市场资金增多之后，会有一个极致的表现形式。很多公司即使在过去高峰时期，也只有三四十倍的估值，最多有五六十倍，我认为这是一种透支。过去不择时是因为，如果个股每年有一定的回报，那持有它三五年就会有丰厚的投资回报，但是自 2020 年以来，一个季度或者一个月就可能实现未来两三年的投资回报率预期。这样一来，单纯不择时就会有一定的困难，因为市场容易出现超涨，而超涨的另一面就是超跌。从资本市场的周期论来看，中国资本市场处于初级阶段，慢慢地有大量资金涌入，市场的平衡性被打破，波动性增大。此时不择时，或者调整 10% 就买入，是无法适应市场的。我认为这是第一点区别。第二点区别和产品相关，做相对收益产品不考虑短期成本，我会做简单一点，只考虑从起点到顶点，投资标的处于哪个阶段。但绝对收益产品一般每年会有回撤上的目标要求，当回撤发生时，如果不考虑价格问题，那长期持有就会难受。所以第二点区别，在于不同产品或者不同客户带来的不同要求。关于第三点区别，中国经济从改革开放到现在，经历了三个大的浪潮，第一个浪潮是城镇化，我国的高端消费行业或房地产行业蓬勃发展。第二个浪潮是持续 5 ～ 10 年的工程师红利，中国的精密制造等制造业开始加快发展。第三个浪潮是在未来的一段时间里，“中国制造 2025”、中国的新兴制造，使中国成为制造业的世界强国。无论是哪一个浪潮，都有政策的推动，政策的推动力是非常强的。所以，在 A 股二级市场，甚至未来在港股二级市场做投资，一定要时刻关注政策的变化，政策变化会给各个产业带来很大的改变。比如，2020 年的互联网政策、医疗政策消除了行业的一些垄断性。这是第三点区别。我认为无论是从 A 股市场新增资金的角度，还是客户或产品的角度，抑或是经济发展大方向的角度来看，尽量不择时的投资方式都要有一些改变，要尽量长期持有买入的投资标的，但是如果出现问题，也不要进行价值投资束缚。比如，当出现一些破坏投资底线的事情时……

芮萌：就要做一些策略上的调整。

李欣：是的，调整策略，或者坚决卖出。我认为这是过去几年一个比较大的变化。

芮萌：客户的偏好也发生了改变吧。专户基金的客户有哪些特征？

李欣：相对来说，专户基金客户都是高净值客户，具体可以分为两类。一类客户希望实现基础财富的保值、增值，同时不希望经历大的回撤。对于这类客户，投资经理可以更多关注一些价值类股票、高分红股票。另一类客户希望找到符合自己投资价值观的标的，对此，一些投资经理希望通过长期持有来帮助客户获得高额回报。

未来5年着重投资制造业

芮萌：你刚才提到宏观的产业政策的改变，你认为未来5

年，中国哪个产业会发展得比较快?

李欣：整体来看，我认为中国制造业是未来 5 年甚至更长时期的一个发展重点。

芮萌：这里的制造业指的是高端制造业吧?

李欣：是的。不仅仅是制造业，目前中国是全球第二大经济体，未来有可能成为全球第一大经济体。

芮萌：很多经济学家预测，到 2030 年中国就会成为全球第一大经济体。

李欣：我认为制造业可能是中国走向全球第一大经济体的一把钥匙。未来三五年甚至更长时间，针对制造业投资，我会花时间做更多思考。

芮萌：提到制造业，大家通常会想到新能源汽车行业，首先它属于制造业，其次与“双碳”目标、绿色发展有关。你怎样看待新能源汽车行业?

李欣：在谈我对新能源汽车行业的看法之前，我想先谈一谈刚刚提到的，尽量不买入市场预期一致且预期差相对较高的标的。对于新能源汽车行业，大家都看好，我自己也看好，但是我认为投资方式和过去的有些不一样。比如新能源领域的一家高成长公司C。C公司刚上市时，并不被市场看好，但到了2020—2021年，却得到了市场的一致看好，C公司的股价出现高光时刻。如果投资者在C公司刚上市时买入其股票，那么即使在2020年底或者2021年中卖出，也能有三倍以上的回报。但是如果投资者在2020年下半年或者2021年上半年才买入C公司股票并持有到现在，那么其回报率可能只有10%～20%。若中间买错了一点，甚至还会亏钱。所以，当一家公司或者一个产业被市场一致看好时，我会对其多做一些思考。这并不意味着我不看好新能源产业，或不看好新能源汽车行业，而是我认为大家应该思考得更深入一些。也就是说，如果一家公司未来成为全球新能源制造领域最好的一家公司，在该领域，它可能会把中国制造推向全世界，那么我们一定没有理由不看好这家公司以及相关产业，这时我们可以更深入地思考这些产业里有没有成长性更好一些的细分行业。从这个角度来看，对于新能源汽车行业，我们一定是看好的。中国的经济发展是由政策牵引的。所以我认为，对于一个能长期被看好的行业，投资时应尽量避开市场一致看好的节点。在这一节点，应找到一些成长性更好的细分行业或者公司。

芮萌：这是一个很好的建议，做投资还是要看政策。讲到新能源汽车行业，听说你很喜欢赛车，你为什么会喜欢赛车呢？

李欣：我认为这个问题的答案其实也能反映我在投资思考上的逐步变化。一说到赛车……

芮萌： 大家就会想到高风险。

李欣： 大家认为赛车的风险一定很高，并且开得最快的一定是最厉害的。但其实并非如此，对赛车来说，稳定才是最重要的。

芮萌： 意思是要比对手少犯错。

李欣： 是的。比如在一个专业赛道上，一般职业赛车手单圈用时大概 1 分钟，而一个普通人经过日积月累的练习，也有可能达到这个成绩。但是职业赛车手追求的不是某一圈用时 1 分钟，而是 10 圈中每圈都用时 1 分钟。难的地方不在于能不能开得快，而在于能不能持续开得快。一开始，我喜欢赛车也是因为喜欢这种速度感，后来我慢慢发现，赛车和投资其实有很大的共性，这种共性在于持续性。对于投资，持续性并不是要求投资经理每年的收益率都很高，但是要求他们能持续地有一些好的想法，做一些好的研究，找到一些好的标的，然后让投资组合争取保持长期不错的回报。这是一个比较难的点。近两年因为新冠肺炎疫情，我看赛车、玩赛车的时间比较少，健身时间比较多，我慢慢发现，健身其实和投资也有共性。

芮萌： 健身讲究平衡，而投资追求风险和收益的平衡、短期和长期的平衡。

李欣： 健身也需要抵抗很多诱惑，比如美食的诱惑、熬夜的诱惑，只有抵抗住诱惑，才能够使自己的身体达到一个比较好的状态。无论是健身，还是投资，我认为都不要对自己的工作或者生活失去乐观的向往和希望，一定要不断寻找更好的事物。就像在新能源汽车行业，我们不一定要买入最出名的那家公司的股票，它可能已经被高估了，我们可以去找一些默默无闻但成长性很好的公司。

芮萌：其实无论是赛车，还是健身，都讲究自律。自律是投资经理很重要的一个品质。

李欣：我认为自律非常重要，特别是对专户投资经理而言。专户基金投资与公募基金投资有一些区别，当公募基金规模达到100亿元、150亿元时，投资经理管理的产品虽然可能有好几个，但风格大多是类似的，所以投资经理可以用同一种投资策略进行日常管理。但当专户基金规模达到100亿元、150亿元时，投资经理需要管理四五个账户，这四五个账户可能有两三个不同的目标，这时候自律就显得更为重要。

芮萌：刚才你提到自己是一个年轻的老兵，在成长过程中，你的心态肯定发生了很多改变，能不能描述一下这十几年你的心态有哪些改变？

李欣：做研究和做投资时，每个人都会有逆境和顺境，但是我发现顺境其实非常少，大部分时间是比较煎熬的。刚开始遇到顺境时，人往往会认为自己无所不能。

芮萌：这算是过度自信了。

李欣：但是你慢慢地就会发现，自己的能力圈其实只有那么大。我的看法是，不要急于扩大能力圈，因为长期来看，这样你的压力会更大，要审时度势地慢慢扩展自己的能力圈，更重要的是要深挖。这是我最大的一个感悟。

芮萌：好的，谢谢李欣总分享个人成长经历，以及如何选择优秀的公司、合适的价格及正确的交易策略。

本文内容分享于 2022 年 2 月 21 日。

教授点评

本期的访谈嘉宾李欣先生，是一位非常有个性的投资经理。在公募基金和专户基金两个领域的投资管理经验让他的投资理念日趋成熟，并在实践中不断得到完善和强化。

同其他专户投资经理一样，李欣会看重如何在波动的市场环境中为专户投资者努力控制回撤并获取绝对收益，而这又似乎与他偏成长股的投资理念天然有偏差。

对于专户基金，他给出的投资方案是尽量寻找到与市场认知有较大偏差的公司进行布局，尽量不买入市场预期一致且预期差相对较高的标的，以及尽量长期持有。

让我印象深刻的是他对自己赛车爱好的认知。在外行看来，赛车是速度与激情的结合，而他却认为稳定性才是在赛车中长期制胜的关键。这就像李欣擅长的成长股投资，相对于预测未来的成长空间，他更看重成长股在错误预期下的安全边际。

THE CORNERSTONE OF FUND INVESTMENT

第二部分

让专业的人做专业的事

专业能力和诚信品质是基金行业的立身之本，唯有不断提高专业能力，坚守诚信，才能够生存和发展。

刘建平

中欧基金总经理

在这一部分，我们来谈谈“专业”这个话题，如图 9-1 所示。

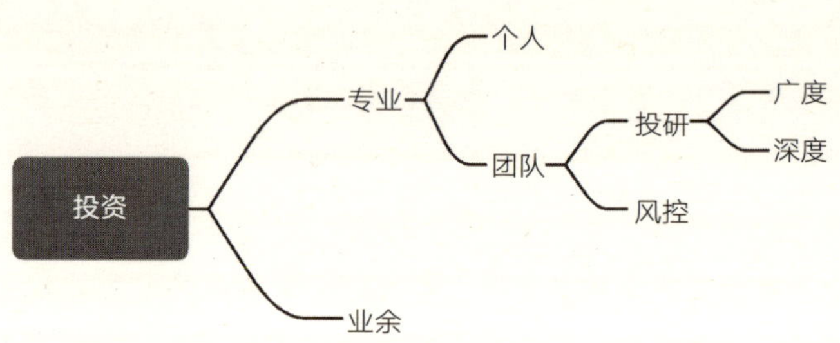

图 9-1　投资的专业性

基金为什么能够做到“专业”呢？有人会说是因为有厉害的基金经理，这一点没错，但我们更应该看到基金经理背后的整个团队，只有整个团队时刻保持高速运转，才能有明星基金经理在公众面前闪光。“债券之王”比尔·格罗斯的业绩很辉煌，曾经与他共事过的基金经理李彤就以她在太平洋投资管理公司的亲身经历告诉我们，太平洋投资管理公司的团队才是该公司最核心的竞争力，格罗斯与该公司的团队是互相成就的。

在基金公司投研是最重要的。看到一些同样的信息，如新闻、公司报表等公开信息，基金公司可以很好地利用这些信息指导投资，这体现的就是投研能力，即基金经理卢纯青所说的投研黑箱。有了投研黑箱，投研团队可以运用专业知识，通过上下游产业链的相互印证以及站在企业家视角思考公司的种种战略，综合分析出一个合理的投资方向。

当然，投研所能覆盖的行业和公司是有限的，这就带来两种选择，一是增加宽度，选择覆盖更多的行业和公司；二是增加深度，在已经覆盖的领域挖掘得更加深入。有很多大规模资金管理经验的基金经理周应波在这两方面都深有体会。在基金管理规模扩张的初期，他选择的是做加法，也就是覆盖更多的行业，个人和团队的投入都相应增加。但是当在管基金达到更大规模后，他反而开始做减法，减少覆盖的行业，因而团队的工作更加聚焦，能从现有的研究中发掘出更深层次的内容。什么是更深层次的内容呢？另一位基金经理郭睿给出了答案——“沙漠之花”。寻找“沙漠之花”的投资思路撇开了赛道，在一些相对没落或者平庸的行业中寻找优秀的公司。就像在沙漠中开出的花一定有非常深的根系一样，这类公司也一定有它们独到的经营之处，寻找之法唯有依赖“专业”。

专业的投资团队一定离不开专业的作为保障的风控，NBA 的经典名言“进攻可以让你赢球，但防守才能赢得总冠军”可以作为投资中对风控最好的注解。只有把握好风控，投资赚来的收益才可能真正落袋。基金经理黄华提醒我们，风控考虑的是亏钱的问题，只有把亏钱的问题想明白才能去思考赚钱的问题。

专业的团队离不开文化的引领，文化是一个团队的灵魂，为团队的发展提供了不竭动力。中欧基金总经理刘建平通过描述企业文化在微软转型中的作用，讲述了企业文化的重要性。

所以，请相信专业的人，相信专业团队的力量，将投资这件专业的事情交给专业的人去做吧。

第9章

解码长期业绩背后的文化基因

刘建平，毕业于北京大学，曾任中国证券监督管理委员会基金监管部副处长、上投摩根基金管理有限公司督察长。2009年3月加入中欧基金，现任公司总经理。同时兼任上海基金同业公会会长。

芮萌：你之前在证监会工作，进入基金公司后做管理工作，根据这么多年的领导经验，你认为成为一个领导者的核心要素是什么？

刘建平：我之前在证监会工作了很长一段时间，后来到基金公司之后一直从事管理工作，有不少与工作经历相关的感悟。我在工作中遇到问题的时候经常会思考，也经常从很多境内外优秀企业家的案例中学习，在这个过程中形成了一些自己的想法。虽然不同的领导者其管理风格各有千秋，但总体而言，同时具备优秀的管理能力和领导力是成为领导者的核心要素。

领导力与同理心、成长性思维、文化引领

芮萌：要成为一名优秀的领导者，领导力和管理能力缺一不可。管理能力相对来说比较容易培养，中欧国际工商学院有很多与管理能力相关的课程，但领导力很难培养。有没有哪位给你留下很深印象的企业家，他的领导力可以感召员工，带领企业从逆境中脱颖而出？

刘建平：这两年我比较关注微软的现任首席执行官萨提亚·纳德拉（Satya Nadella），多次拜读他所著的《刷新》一书，同时一直在关注他的事迹并从中学习。2020 年初，我写了一篇关于《刷新》一书的读后感，主要内容是在企业变革中如何运用同理心。2021 年初，我又写了一篇文章，主要内容关于在企业变革中如何有效地凝聚人心。这篇文章里虽然没有提到纳德拉，但它是我受纳德拉的启发而作。我非常推崇这位企业家，至于推崇他的原因，可以先从他取得的成就谈起。纳德拉于 2014 年就任微软的第三任首席执行官，任职时微软处于历史低谷期，由于没有赶上当时的科技浪潮，所以微软已经成为移动互联时代一家过时的企业，同时出现了大型企业管理中常见的问题，内耗严重，矛盾颇多，当时微软的市值只有大约 3 000 亿美元，而纳德拉用短短 7 年的时间，再次把微软带向另一个辉煌。

芮萌：微软 2021 年的市值曾达到 2 万多亿美元。

刘建平：是的，截至 2021 年 6 月，微软以 2 万多亿美元的

市值位列全球市值第二名。微软这几年转型背后的故事给我了很多启示，在微软转型过程中，纳德拉有效地重塑了微软的企业文化，明确了微软的发展方向，他利用自己的一些优秀特质，如同理心等，凝聚了人心，重塑了微软的企业架构，同时自己也在微软树立了优秀的榜样，从而带动微软成功实现转型。我认为这个例子对很多企业家来说都有很好的启发意义。

芮萌：你刚才讲到纳德拉的优秀特质同理心，什么是同理心？它等同于同情吗？

刘建平：同理心是一个心理学术语，有很多不同的解释。在我看来，同理心类似于换位思考，是一种与他人共情的能力，被用来描述一个人设身处地站在他人的角度思考问题，能够有效感知并理解和把握他人的情感和情绪，这是一种很强的能力。从本质上讲，这种能力就是站在别人的角度考虑问题。

芮萌：这有点逆人性，人性是自私的。

刘建平：是的，同理心的确逆人性，因为同理心是利他的。正因为逆人性，所以建立起来并不容易。纳德拉有非常强的同理心，他在《刷新》一书中多次提到同理心这个词，这与他本身的经历有关。他出生在印度，之后移民到了美国，养育了三个孩子，其中两个患有重病，生活经历使他产生了很多感悟，也慢慢让他培养出了对世界和他人的同理心。同理心在他的领导力提升中发挥了重要的作用，我认为他的领导力的基石之一就是同理心。同理心的重要性在于三方面。其一，领导公司团队时，同理心能帮助领导者有效感知同事、部下的一些想法，这有利于形成上下共识。其二，和客户相处、处理与竞争对手的关系也需要同理心。微软后来和苹果的合作就充分体现了这一点，过去微软和苹果是长期竞争对手，纳德拉在同理心的影响下，意识到在移动互联时代合作是必须的，大家必须共享一个大平台，于是做出了与苹果合作的决策，并取得了巨大的成功。其三，开发产品也需要同理心，只有充分理解客户的价值观、世界观，设计出的产品才会更贴合客户需求。可见，同理心是纳德拉领导力的一个重要基础。

芮萌：同理心是纳德拉领导力的基础之一，也是他的个人魅力所在。同理心就是换位思考，在当今社会就是利益相关者共赢，同理心为企业提供了一个共赢的思路。你刚才还提到一个关键词——文化，一家超大型企业需要利用文化凝聚整个集团，但文化这个概念很抽象。纳德拉是怎样把抽象的文化变成可以把大家凝聚起来、看得见摸得着的文化的？

刘建平：纳德拉在这方面的确做得非常好。上任之初，他利用对企业二十多年的观察和理解，以及对技术变化趋势的把握，为微软提出了新的使命——“赋能全球每一个人、每一个组织，成就不凡”。

芮萌：这与他的同理心是一样的，也是为他人赋能。

刘建平：是的，在思考了技术进步和微软生存发展的最终目的之后，纳德拉提炼出为他人赋能的企业使命，依靠这个使命重新凝聚微软管理层的人心，进而凝聚企业十几万员工朝同一方向前进。他在这一使命下继续明确微软的愿景，又基于使命和愿景提出新战略，如“移动为先，云为先”，这个战略契合了技术发展趋势和整个科技世界未来的发展方向。明确了使命、愿景、战略后，他对企业进行了有效改造，着手布局战略重点。部分战略也在当下显现出价值，例如云服务。云服务目前的营业收入已经占微软收入的 1/3 左右，是微软最主要的收入来源之一。但实际上，微软在布局云服务之初，还影响了其传统业务的产能，但纳德拉看到了云服务的趋势之后，开始将这个趋势提炼成战略方向，有效地说服管理层在企业整体层面做了一些转型和布局，成效显著。纳德拉就这样通过重塑企业文化，明确使命、愿景、战略并使之落地，对企业实施内部改造，从而有效地把企业引领到一个正确的方向上。

芮萌：很多其他企业也强调文化，但他们的文化是挂在墙上给别人看的，可能连领导者自己都不相信。纳德拉不一样，他通过战略让企业文化得到了具体的实现。纳德拉是怎样带领如此庞大的团队走向一个新的方向的？他的魅力在哪里？为什么大家愿意跟着他走？

刘建平：纳德拉的确很有魅力，在庞大的微软帝国里，他能通过二十几年的努力，从一个技术移民的小工程师成长为微软第三任首席执行官，毫无疑问，他本身有很强的技术能力，这是第一点。第二点，他有极强的学习能力和洞察力。他的同事评价道，每次和纳德拉开会，都会发现纳德拉对问题理解的深度和广度超乎想象。因为他一直处于求知若渴的状态，极强的成长性思维使他不断进步，如今的他对业务、技术的洞察力毫无疑问在同行中是领先的。第三点，他有很强的同理心，能够有效地凝聚人心，团结和协同他的管理团队，继而有效地引领企业。拥有这种品质是很难得的，这些品质使得他在微软树立了一个优秀的榜样。正如他在母校芝加哥大学商学院的一次演讲中提到的那样，作为一名领导者，一定要不断地激发能量，为企业赋能，成为企业里的榜样，成为大家心中的标杆，一定要时刻做好自己，这样才能把理念有效地传递给他人。

芮萌：所以，纳德拉的学习能力和自驱力使他成为员工的榜样，而且他本身的业务能力过硬，再加上他独特的个人魅力，微软的人都愿意服从他的领导。

刘建平：是的，因此纳德拉有能力把处在没落轨道的微软迅速地扭转过来，并带到历史上从未有的高度。在我看来，微软是企业变革的成功典范，这与微软有纳德拉这样一位卓越的领导者这一点是密切相关的。

变革中的中国企业，需要人、事、心的统一

芮萌：你刚才讲到变革这个词，其实今天的中国企业也在面

临变革。第一代创业者的平均年龄已达 60 岁，目前面临交接班，我们的产业也在老化，同时周围的环境也发生了改变，所以企业需要新的领袖来领导企业变革和转型。纳德拉身上有哪些地方值得中国企业家借鉴？

刘建平：纳德拉是一位伟大的企业领导者，他的领导模式对中国的企业家有很大的借鉴意义。着眼当下，中国第一代企业家开始逐步退出历史舞台，在改革开放中成长起来的一些优秀企业也面临转型。对于企业如何成功实现转型，纳德拉的一些做法以及优秀品质值得中国企业家学习。在我看来，和创业相比，变革更难。一家企业如果顺应时代需求，发展出领先的技术和产品，形成良好的商业模式，找对赛道和风口后努力进取，就有可能创业成功。企业发展到一定阶段会面临环境的变化，尤其是如果自己开始跟不上时代的步伐，那么这时就必须变革，如果不变革，企业在未来必定会被淘汰，“诺基亚时刻”一定会到，对技术类企业来说更是如此。

变革之所以特别难，是因为企业要同时面临内在和外在的双重困境。内在困境在于企业跟不上发展步伐，外在困境是指企业不能有效地把握外部的新机会，适应新环境。在现实中，内在困境往往更难克服。因为经过多年发展，企业内部已经形成很强的思维惯性，内部架构和利益都是固化的，而要变革往往就要打破利益格局，内耗也会更严重，很多企业最后变革失败都是内部原因。

企业在转型过程中都会遇到问题，只有少数企业能转型成功，纳德拉带领的微软就是少数之一。对中国企业而言，转型可能会面临各种危机，我们应该向纳德拉学习，学习他优秀的品质和能力。领导者必须有很强的前瞻性和进取心，要有领导力，才能领导企业成功实现转型。在转型过程中领导者要重视文化的力量，这样才能有效地凝聚人心，达到人、事、心的统一，才能做好企业。

芮萌：谢谢刘总的分享。你对纳德拉的介绍让我们看到一位优秀的领导者所具备的人格魅力。首先他要有同理心，其次他要成为他人的楷模和榜样，最后也是更重要的，就是要建立落地的企业文化。很多时候企业都在讨论怎样做或怎样做得更好，但忽略了一个更重要的问题，那就是为什么做。刘总的分享对我们，特别是对今天正在转型的中国企业来说，有很多借鉴意义和启发作用。

本文内容分享于 2021 年 7 月 1 日。

教授点评

本期的访谈嘉宾是中欧基金总经理刘建平先生。他带来的一本书让我印象深刻，这本书是微软现任首席执行官纳德拉所著的《刷新》。杰出的企业家通常在卸任之后才会撰写回忆录，像 IBM 的郭士纳、通用电气的杰克·韦尔奇（Jack Welch）等。纳德拉在撰写《刷新》时才刚刚就任首席执行官 3 年，而他之所以写这本书，是为了表明自己推动文化变革的决心，向微软的员工、客户和合作伙伴清晰地传达出文化变革的信号，从而推动微软的转型。

微软为什么要转型？微软作为 PC 时代当之无愧的王者，却几乎完美错过了移动互联网时代。2013 年，微软的市值只剩 3 000 亿美元左右，较 1999 年底 6 000 多亿美元的峰值少了一大半。纳德拉临危受命，提出转型首先是要推动微软企业文化的变革，要重新定义微软的使命和愿景。比尔·盖茨在创立微软时，为微软定下的愿景是“让每个家庭、每张办公桌上都有一台电脑”，而这个愿景早已成为现实。那么微软的新愿景是什么？从比尔·盖茨的愿景引申出去，纳德拉认为微软存在的价值是让每个人、每个组织都获得强大的技术力量，帮助他们成就自我，这就是为他人赋能。于是，微软的新使命“赋能全球每一个人、每一个组织，成就不凡”就诞生了。有了这个使命，纳德拉“移动为先，云为先”的战略也就水到渠成，微软因此摆脱了暮气沉沉的状态，重新站在了技术浪潮之巅。

微软转型成功的故事告诉我们，企业文化不是空谈，是一家企业真正的灵魂和核心。中欧基金在投资领域的成功也离不开企业文化的塑造。

第 10 章

站在客户角度，提供专业的能力

许欣，毕业于中国人民大学，曾供职于外交部亚洲司、华安基金，曾任嘉实基金机构理财部总监、富国基金总经理助理。2013 年 8 月加入中欧基金，现任分管市场副总经理。

中国财富管理行业空间

芮萌：过去几年，中国居民的财富积累速度非常快，特别是高净值群体，你认为这个群体有哪些趋势或特点？

许欣：过去几十年中国经济发展迅速，中国居民的财富也在快速增长，《中国国家资产负债表 2020》中的数据显示，截至 2020 年，中国个人可投资资产总规模已有 200 多万亿元，年化复合增长率达 16%，预计未来 5 年的增速仍会超过 10%。我们把可投资金融资产在 1 000 万元以上的人群称为高净值群体。根据招商银行和贝恩公司联合发布的《2021 中国私人财富报告》中的统计数据，中国高净值人士目前有 260 万人左右，他们的财富在中国个人可投资资产总量中的占比已经超过 30%。

高净值群体有三个变化趋势，一是年轻化，40 岁以下的高净值群体占比在快速提升；二是专业化，过去高净值群体主要由初代创业的企业家组成，而现在有越来越多的专业人士，如职业经理人迈入高净值群体行列，目前他们的数量占比已经很大；三是涉足的行业领域逐步宽泛化，由传统经济领域向新经济领域延伸。

芮萌：你认为现阶段公募基金应如何更好地服务这一群体？

许欣：中国的高净值群体与国外的不一样。国外的财富管理已经形成了各种相对完整的体系化模式，有专业的财富管理机构和投资顾问为高净值群体服务。在中国，无论是财富管理的需求者，还是财富解决方案的提供者，都在摸索中，而公募基金在其中能发挥巨大的作用。高净值群体的财富管理现状具有以下特点。

一是在总资产配置结构上，国内外差异非常大。同样是根据《中国国家资产负债表 2020》中的数据，中国居民总资产的 60% 是住房资产，20% 是金融资产；而美国的情况恰恰相反，美国居民总资产的 24% 是住房资产，71% 是金融资产。

二是在金融资产结构上，国内外差异也非常大。中国存款类资产的占比超过 60%。换句话说，中国居民的金融资产绝大多数在银行理财、信托等过去为刚性兑付的产品上，而这一比例在美国不到 20%。再以公募基金为例，美国居民投资于非货币公募基金的体量占金融资产投资的 24%，在中国这一比例不足 3%，差距非常明显。

芮萌：中国财富管理的现状就是，鸡蛋大都在房地产这一个篮子里。

许欣：以前是的，但是现在外部环境发生了变化。自《关于规范金融机构资产管理业务的指导意见》（即资管新规）实施以来，刚性兑付被打破，国家政策也强调“房住不炒”，投资逻辑与以前不一样了，未来房地产在资产配置中的增值空间也在发生变化。

中国经济历经多年高速增长后，增速有所放缓，据央视新闻消息，2021 年中国 GDP 同比增长 8.1%。过去，创业一代、创富一代的企业主营业务的净资产收益率（ROE）很高，但是实体经济增速的下行，导致其主营业务的 ROE 随之下降。在这样的背景下，高净值群体呈二元结构分布，年轻一代的高净值群体希望创富，而老一代高净值群体重视资产的保值增值和传承，两者的投资目标不同，但都希望资产整体保持相对平稳，既有一定的收益，又能避免大幅波动。在低收益率、低利率时代，要满足以上要求，就需要制定个性化的多元化资产配置方案。

芮萌：面对高净值客户，尤其是新崛起的高净值客户，公募基金应该怎样做资产配置？比如有些客户既想配置股权，又想配置境外资产，同时还想配置当下越来越流行的另类资产，那么公募基金如何发挥自己的特色？

许欣：这对我们来说是一个新的挑战。在过去，整个财富管理价值链中有三个角色，第一个角色是公募基金，它作为资产端负责产品的制造；第二个角色是渠道销售商，产品经由他们销售，最后到第三个角色——客户手中。我认为未来会出现第四个角色，这一角色主要是帮助高净值客户做好资产配置，进行财富管理。从全球演化的趋势来看，关于这一角色的承担者有两种可能。一种是在资产端，基金公司从产品制造商的角度，把价值链往前延伸，他们对产品和专业领域更熟悉，可以制造出更符合高净值客户特点的产品，国外的富达基金、普信集团（T. Rowe Price Group）等都是非常典型的案例。二是在销售端，由于渠道销售商坐拥庞大的客户资源，对客户的理解更为深刻，了解高净值客户群体的多样化需求，所以在财富管理过程中承担咨询顾问角色，帮助客户进行财富管理。嘉信理财、美林银行等机构作为销售渠道商就在做这件事。

2019 年证监会首次批准了 5 家基金公司投顾业务的试点资格，中欧基金旗下子公司中欧财富为其中之一。过去中欧基金作为一家用业绩说话的“精品店”，主要为客户提供优质的基金产品，但随着时代的发展，客户需要的不再是单一产品，而是综合化解决方案。在中欧财富取得投顾业务的试点资格后，中欧基金也配合开展对客户资产配置的整体规划，包括但不仅限于中欧基金本身的产品、权益、债券、高现金流动性的资产、另类资产，甚至还有境外资产。只有进行多元化的资产配置，使各种资产之间的相关性达到较好的状态，才更有机会获取相对高的收益且波动相对较小。

芮萌：刚才你介绍了两种在国外已经非常成熟的财富管理模式，一种是从后台往前台走，另一种是从前台往后台走。你认为这两种模式各自的竞争优势在哪里？

许欣：产品制造商对于产品和资产有更深刻的理解。基于对过去 200 年金融资产的风险、收益、波动等特征的历史演化过程的深入研究，产品制造商在提供专业解决方案方面更有优势，他们的工作更靠近资产端。销售渠道商对客户的理解更深刻，他们更清楚不同的客户适应什么样的方案。我认为这两种模式都非常有必要，如果一家财富管理机构能真正满足客户需求，那么它一定是在资产端和客户端同时具有领先优势，才能为客户提供更好的服务。不仅如此，财富管理机构还要与时俱进，在数字化、智能化的趋势下，利用客户画像、客户洞察、数字化应用等新技术赋能财富管理，使客户拥有更好的交互体验。目前国外一些领先的财富管理机构，致力于将线上的快速便捷服务和线下有深度、有温度的服务结合起来，赢得高净值客户的信赖。

中国投顾的发展路径

芮萌：中欧基金是聚焦长期业绩的主动投资精品店，旗下子公司中欧财富也是第一批获得投顾业务资格的机构，基于这个资格，未来中欧基金要提供一站式解决方案，帮助客户分析采购投资市场上的所有产品，投顾业务最后势必会是很大的一个市场。对于未来中国投顾业务的发展路径如何，以及怎样利用科技为投顾业务赋能，为客户提供更有温度的全方位服务，你有什么看法？

许欣：我认为未来中国投顾业务发展有两个趋势，一个是站在客户的角度思考问题，另一个是利用科技为业务赋能。2019年，中欧财富作为一家独立的第三方获得了投顾业务的试点资格。无论是销售渠道商还是产品制造商，都与客户存在一种利益上的冲突，他们的收费模式都是流量佣金模式（Flow-based）。销售渠道商不停地卖产品，因为它们赚的是中间的手续费；基金公司也不停地卖产品，因为它们赚的是管理费，两方都很少站在客户的角度思考问题。但是中欧财富作为一家独立的第三方，采用的收费模式是存量服务模式（Aum-based），从客户的角度出发提供服务，因而与客户不会产生利益冲突。

芮萌：不是 GMV-based[①] 对吧？

① GMV 的全称为 Gross Merchandise Volume，即商品交易总额。GMV-based 的意思是，根据商品交易总额向客户收取费用。——编者著

许欣：对的，投顾业务不是单向流动的价值创造，而是投资顾问帮助客户创造价值，客户信任他就会把更多的资产交给他，投资顾问就可以从中获取收益。所以我认为做好投顾业务首先需要的，就是站在客户的立场，以买方思维考虑问题。其次，要在投资中发挥专业能力。中欧财富除了利用自己的平台，还可以借助母公司中欧基金的专业思维方式和技能向客户提供服务。如今科技赋能越来越重要，过去的财富管理主要依赖明星投资顾问和私人银行的理财经理，他们基于个人的专业知识、历史经验以及客户的信赖做投资。但这种方式不够标准化，当他们服务的客户群体太多时，服务效率和质量一定会变差。那么，怎样利用科技赋能呢？比如，我们可以借助大数据技术对客户信息进行分析，借助系统化平台记录每一次与客户的交互方案，不断追踪回顾，搭建完整的投顾策略系统。再比如，每个客户的情况都不一样，那我们可以根据客户需求及标签，基于统一的策略和算法，调整参数，依靠科技实现个性化定制解决方案。财富管理不是靠财富顾问的想象，而是必须依赖专业知识和系统，经过各种数据输入和专业分析，才能为客户提供不同的解决方案，让客户拥有更好的体验。

芮萌：财富管理是个性化的，每个人的风险偏好和投资目标都不一样，所以需要利用科技的力量，降低服务的成本，提高效率和标准，这样才能提高客户的满意度。中欧财富的财富管理模式现在从卖方慢慢转到买方，这种转变的最大挑战在哪里？

许欣：最大的挑战就在于，如果提供投顾服务的母体在中欧基金，那么它难免会更倾向于站在卖方的角度思考问题。所以我以为投顾业务独立运行是最重要的一点，我们很早就开始尝试如何让投顾业务作为一家独立公司（即中欧财富）存在，具体做法包括在中欧财富内部给员工股权激励等。另外，中欧财富要培养自己的专业能力，在选择全市场的产品时保持中立态度。目前在中欧财富的产品中，即便是公募基金也只包含母公司的部分产品，但我们希望中欧财富团队能帮助客户从整个市场上选择最优质的产品，构建最好的组合。只有将自己的利益与客户的利益紧紧绑在一起，才能形成正向循环。

芮萌：我想国家大力发展第三方投顾业务，其实是为了应对已经到来的人口老龄化。就像你刚才说的，中国居民的资产现在主要是住房资产，以及低收益率的类存款理财产品。人的寿命越来越长且人口老龄化进程加速，需要投顾业务帮助居民对资产做多方面的配置，所以投顾业务在未来的发展前景非常广阔。

许欣：刚才我们说到的富达基金，是一家全球性大型基金公司，它旗下做投顾业务的也是一家独立公司——富达顾问（Fidelity Advisor）。富达基金有富达顾问的股权，中欧基金的设计思路与这个思路是相似的。中欧财富希望为客户提供优质的投顾服务，养老也是我们非常看重的领域，目前中国的养老问题亟待解决。

芮萌：养老体系有三大支柱，而中国的养老金体系第三支柱未来的建设还是需要依靠公募基金。

许欣：是的，而且越有财富的人群，其养老金替代率越低，他们也更需要进行养老金的财富管理。

芮萌：一个国家的财富分配通常遵循二八定律，主要财富集中在高净值群体手中。你认为公募基金应如何为私人银行提供产品，以此更好地服务高净值客户？

许欣：公募基金所能提供的产品有两大类，一类是相对收益产品，另一类是偏绝对收益的产品。对于高净值客户的需求，公募基金更多的是提供一些偏绝对收益的产品。一般来讲，公募基金产品设立的目标是战胜基准利率，追求相对收益，而高净值客户追求的不是高收益，是在他们能承受的波动下追求合理回报。因此，我们不能用公募基金的方式来满足高净值客户的需求，我们需要成立专户投资团队，为银行客户提供个性化解决方案。专户投资团队采用多元化的投资策略，包括基本面投资、量化投资，以及一些对冲策略等，他们注重回撤、风险波动，以及资产配置。即使是做基本面投资，专户投资团队选择标的的原则也和做相对收益产品的团队不一样。对于某些预期涨幅很大，但周期性特征明显，未来波动很大的股票，设计相对收益产品的基金经理可能会选，但是做绝对收益产品的基金经理肯定不会选。

芮萌：因为理念不一样，所以选股思路也不一样。

许欣：是的，所以需要专门的专户投资团队做这样的事情。

芮萌：好的，谢谢许总为我们描绘了中国财富管理行业的一些趋势。中国财富管理市场是巨大的，目前个人可投资资产总规模已超 200 万亿元，随着人口老龄化的加剧，人们对于财富管理的需求逐渐增多，投资思路必定会从原来的仅注重产品，转向注重全方位、多品类的资产配置，在这一过程中，我相信公募基金会发挥越来越重要的作用。

本文内容分享于 2021 年 11 月 1 日。

教授点评

本期的访谈嘉宾中欧基金副总经理许欣先生认为，公募基金可以在中国财富管理中发挥更大的作用，这一点我非常认同。目前中国居民个人可投资资产的配置极不合理，60%是住房资产，20%是金融资产，这与美国 24%是住房资产、71%是金融资产的情况截然相反；在金融资产中，中国非货币公募基金的占比不到 3%，而美国的是 24%，差距非常显著。中国监管机构适时推出了基金投顾试点业务，有望推动公募基金行业在财富管理中承担更多的责任，特别是有望助力养老金第三支柱的建设，为中国的养老事业做出更大的贡献。目前，中国养老行业面临非常多的挑战，特别是人口老龄化加速，未富先老，老年人口规模巨大，因此我们更要强调资产配置的重要性。单一的资产配置结构已经满足不了居民的养老需求，而更全面的资产配置恰恰是公募基金的专业优势，投顾模式的发展正好顺应了未来公募基金行业以持有人利益为核心的发展趋势。

许欣进一步总结了基金投顾业务发展的两种可能性，一是在资产端，基金公司将价值链向前延伸，优势在于它们对产品和专业领域更熟悉；二是在销售端，销售渠道商将价值链往上延伸，优势在于销售渠道商有庞大的客户资源，对客户的理解也更深刻。同时做到以上两点，是成为优秀基金投资顾问的必要条件。

第11章

深入研究，优选自己的组合

> 卢纯青，毕业于加拿大圣玛丽大学，曾任中信基金管理有限责任公司研究员、银华基金研究部副总监。2014年8月加入中欧基金，现任副总经理/投资总监/权益投决会委员/基金经理。

芮萌： 有统计数据显示，全球基金经理中女性占比不到13%，优秀的基金经理中女性占比就更小了。能不能分享一下你的职业成长经历？

卢纯青： 我记得刚入行的时候，面试我的领导对我说，女性进入基金行业是十分不容易的，当时基金行业的男女比例在9∶1左右。但是我想说，在中国有很多女性同样非常努力和优秀，现在基金公司中投研领域的男女比例达到7∶3左右。我是2005年上证指数为998点时入行的，从基金公司的一名研究员做起，研究了很多行业，然后做到研究总监，从2020年开始管理基金。从研究员到基金经理，其实是一个比较典型的投研晋升路径。

芮萌：从研究员到基金经理，这种转变最大的跨度是什么？

卢纯青：具体来说，研究员只关注能否找到优秀的公司，找到之后把它推荐给基金经理，由基金经理来选择是否买入公司股票并制定投资策略。基金经理考虑的要全面一些，在研究员推荐的优秀公司中，基金经理会根据自己的投资理念或者说投资策略，去优选一些公司，最后构建自己的投资组合。两者之间的跨度在于他们处于不同的投资步骤上。

信任是成功投资的基石

芮萌：关于你的投资理念或投资哲学，你希望大家能记住的一个标签是什么？

卢纯青：我过去 15 年的工作主要是做研究，调研上市公司和企业家，然后发现他们的竞争力以及与众不同之处。我在做投资的时候非常相信，那些长期在赛道中的由一些优秀的企业家经营和管理的公司能带来更多的回报。所以，我希望投资组合的标的是好的行业里最优秀的公司，我希望投资者通过长期持有来分享这些企业家带来的长期的股东回报。

芮萌：能为投资者带来回报靠的是时间，而基金经理要选择优秀企业家所经营的公司。这些优秀的企业家同时也是投资人，他们要有投资人的眼光。你认为一名优秀的投资人应该有什么样的特质？

卢纯青：我认为一名优秀的投资人一定是投资收益不错或者管理了很多公司的人，很多客户信任他、愿意把钱交给他，所以大家会评价他是一名优秀的投资人。我认为一名优秀的投资人最重要的特质是能获得客户的信任，这意味着客户愿意把钱交给他来管理，相信他能带来更丰厚的回报。能获得客户的信任是非常重要的，只有客户相信你的能力，信任你的投资策略，你才是一名优秀的投资人，才能在投资道路上行稳致远。

芮萌：信任的建立其实是一个非常漫长、艰难的过程。中国的投资者通常耐心不足，你认为怎样能说服他们在购买基金产品后相信基金经理，然后长期跟着基金经理的步伐走？

卢纯青：2020 年是中国基金业发展的“大年”，根据万得资讯数据统计，过去 10 年基金业规模才涨了大约 3 万亿元，2020 年一年的新增规模就达到了大约 3 万亿元。还有一点比较重要，以前基金是 To B、To C 的，客户买的是基金，看到的是冷冰冰的数字和基金经理的一张照片。从 2020 年开始，基金公司运用了直播等新方式，基金经理可以通过多样的媒体渠道直接接触客户，向客户介绍自己的投资理念。我认为这加强了客户和基金经理之间的信任，客户不是通过传统渠道间接了解基金经理，而是直接看到基金经理，甚至可以通过直播或论坛直观地了解基金经理的工作，这正是加强客户与基金经理之间的信任非常重要的一点。

芮萌：人与人之间的沟通是非常重要的，投资者想看到的既不是冷冰冰的数字，也不是基金经理的照片，而是一个鲜活、立体的人。你的兴趣爱好是什么？能不能让投资者了解一下？

卢纯青：我过去带了很多研究员，其实研究员调研公司时，能够见到企业家的时间不多，因为企业家很忙。所以我平时的兴趣爱好就是看一些企业家写的书、别人撰写的关于企业家的书，或者很多著名投资人每年写给股东的信。我认为这是了解企业家的想法的一个直接途径。对于很多优秀的企业家，如果我们没有机会采访他们或者说当面请教，那么可以通过阅读他们的著作和公开信，去了解他们想对客户和外部投资者说的一些话。

长期，少有人走的赛道

芮萌：说到公开信，哪封信能够打动你或者留给你的印象最深？

卢纯青：最打动我的是亚马逊创始人杰夫·贝佐斯写给股东的信。贝佐斯是一名投资人，更是一位企业家。在投资人的视角，他给了我很多启发。能获得客户的信任是最重要的，亚马逊上市有二十多年了，贝佐斯从 1999 年开始每年给他的客户写一封信，其实他一直在不断重复做很多事情，并且做了一件最能体现客户信任的事情：亚马逊在发展最快的 10 年内没有净利润，没有分过一分红。当时投资亚马逊的是华尔街最优秀的基金经理，而贝佐斯能让自己的客户、投资者在没有现金分红的情况下，还能够相信他并把钱交给他，相信他的战略眼光以及相信他带来的股东回报能超越现金分红。所以，从结果来看，贝佐斯是一名非常成功的投资人，因为他获得了非常好的投资人缘和信任的加持。

芮萌：说到贝佐斯，大家都知道他创办了亚马逊，为公司股东带来了上万倍的回报。但当他还是一个小人物时，是怎样获得投资者的信任的？只靠梦想是不行的。

卢纯青：这肯定是一件非常不容易的事情。贝佐斯是一名优秀投资人的另一点在于，他在公开信里会指导或者指引基金经理和研究员怎样看和分析亚马逊。一般情况下，基金经理看一家公司未来能不能成为一家伟大的或者投资回报很多的公司，都是基于公司未来三五年的预期净利润，但是贝佐斯不这样。他一开始就给了基金经理和研究员一个指引，即不要看亚马逊的净利润，而要更关注它的现金流，现金流的变化才能真正反映公司的价值。意思是，一家公司在赚了钱后，为了以后持续赚钱，要为未来投资，构筑更多的护城河，所以净利润会被花掉，若想评判这家公司能否赚钱，应看它的现金流。只要它每年的现金流状况健康并且能够保持稳健的快速增长态势，它就是一个优质投资标的。这一点对我来说也有很大的帮助。

芮萌：有人说因为相信才能看见，投资人正是因为相信贝佐斯的长期主义，才看见了上万倍的回报。贝佐斯曾经说过一句话，意思是如果你看两三年的赛道，那么会非常拥挤，竞争非常激烈，但如果你看 10 年甚至更长期的赛道，你就会发现路很宽，走的人很少。你在投资过程中是怎样把这个理念结合到投资组合中的?

卢纯青：我现在主要关注的投资方向在新能源领域，所以我会关注先进制造业。中国制造包括 9 个板块，是一条非常宽的赛道。在管理基金时，我和资深的行业专家一起研究了这 9 个板块未来 5 年及以上的行业增速。选赛道考虑的是，赛道是否足够宽，增速是否比其他赛道快。如果幸运，能遇到非常优秀的公司，它能比赛道的平均增速更快，那投资者就有机会获得更多的收益。当我们计算出 9 个板块未来 5 年的利润增速时，惊喜地发现，整个新能源领域无论是光伏还是新能源汽车，未来的年复合增速都非常高。白酒行业有很多伟大的公司，并且有些公司还在不断扩大市场份额，但是从行业增速来讲，白酒行业几乎已经不增长。医药行业被认为是有大逻辑可以长期稳定增长的行业，但它每年的增速是十多个百分点。新能源赛道正迎来未来 5 年的爆发期，现在所有的车企都愿意做智能新能源汽车，未来这个赛道会迎来快速增长的局面。

把客户的钱当自己的钱去管理

芮萌：你刚才讲了一名优秀投资人所拥有的几个特质，我的理解是，第一，要能获得客户的信任；第二，换句话说就是要有非常强的学习能力，能够洞见未来10年发生的事情。你之前做了多年的研究总监，培养出的很多研究员转型成为基金经理，现在有些已经是明星基金经理。你有没有从他们身上找出一些规律来？

卢纯青：现在网络上有一句流行语：最可怕的是比你优秀的人还比你努力。这么多年来，我见证过许多默默无闻的研究员成长为明星基金经理，他们都具备两个特质，第一个是已经足够优秀。在投资行业，我认为经验是非常重要的，在你下一次遇到同样的事情时，经验能提升你做出正确决策的概率。更重要的是第二个特质，持续学习，因为每天都有新的技术、新的产能、新的公司、新的设备与新的产品渠道出现，这也是为什么基金经理被称为研究专家，企业家懂的，基金经理得懂；研发人员懂的，基金经理也得懂；市场部懂的，基金经理还要懂，这就需要他们特别勤奋地学习。证监会对基金经理的道德要求中，多次提到的一个词是勤勉尽责。基金经理负有受托责任，客户信任你，把钱交给你来管，你除了要运用自己的知识和经验为客户争取良好的投资回报，还必须勤勉尽责以不辜负每个客户的嘱托。

芮萌：一名优秀的投资人，要能够获得客户的信任，要勤勉，要优秀，要有非常强的学习能力。关于学习能力，你认为基金经理可能比行业专家更懂行业，比企业家更懂企业。在今天这个知识大爆炸的时代，有数据显示，现在人类的知识每73天翻一番，在这种情况下我们怎样学习？你有没有学习的诀窍？

卢纯青：这就涉及基金公司投研黑箱了。我们能看到的信息大家都能看到，我们没有所谓的内幕信息，无法用内幕信息去赚钱。试想，如果能用内幕信息赚钱，那么最赚钱的应该是每家企业的首席财务官，他们可是最先看到报表信息的人。然而事实并非如此，所以从看到很多信息到获取很多投资收益，中间一定有什么事情是优秀基金公司的专业投研人员做对了的。这与我刚才提到的投研黑箱，也叫操作系统有关，其实就是我们处理信息的能力，这是基金公司的核心竞争力。投研人员也会看新闻、报表、公众号，也会看很多大家都看的信息，但同样的信息，投研人员可以用专业知识、上下游行业产业链的相互印证，以及从企业家、企业的视角，去了解为什么选择这条战略而不是那条战略，为什么选择这个渠道而不是那个渠道。关于投研人员对战略选择的判断以及对战略最终可能产生的结果的综合分析，投研黑箱是没有指示的，它只是通过对信息的综合处理给出了一个结果。

如果投资者在看到这些信息之后做出正确的处理，那么他们也可以获得不错的收益。首先，选择好的赛道是非常重要的，很多投资者平时也在做同样的事情，比如想买医药基金或者新能源基金。其次，选择赛道之后要去选择基金公司，选择依据是一家基金公司是否有很强的“大脑”，即综合处理能力。中欧基金有非常专业且强大的投研团队，我自己在做投资的过程中也获得了来自研究伙伴非常专业的支持。但这种支持也不可能有 100% 的准确度，只是说有了这样一个专业的处理系统，我们可以更快速地做出判断，并提高判断的准确性。

芮萌：是的，没有人可以 100% 赚到钱，只能是增大赢面，所以有时候我会对高级管理人员工商管理硕士（EMBA）的学生说，个人投资者投资股票这件事的性价比很低。让专业的人做专业的事，这句话其实有很深的哲理。首先，你的学习能力需要很长时间来培养；其次，你需要一个基础设施和一个强大的处理系统来帮你搜集、处理数据，这两者结合起来才有可能增大赢面。

卢纯青：确实如此，公募基金的管理费费率是比较合理的。有时候我们和客户开玩笑说："你只需要付点管理费，就能雇很多专业人士为你打工，他们会为你努力工作，辛苦地出差、加班。"很多客户就会表示，这确实挺好的。

新能源赛道增速背后的驱动力

芮萌：你关注的方向是先进制造业，什么是先进制造？

卢纯青：先进制造其实是一个非常宽泛的话题，投资方向涉及 9 个行业或者说 9 个板块。为什么有这么多行业？这是因为中国是一个制造业大国，申万一级行业有 28 个，其中 9 个能划到制造业，中国制造业有非常多的优秀公司，包括大家熟悉的医药公司、电子公司。先进制造是一个比较宽泛的制造业中游的投资领域。

芮萌：先进制造的投资方向涉及 9 个行业，那你为什么聚焦于新能源行业？

卢纯青：这是因为 2020 年底，我们让中欧基金研究部 9 个行业的研究专家按照未来 5 年的行业增速，对这 9 个行业做了排序。然后我们发现，新能源行业是一个很大的行业，广义上包括光伏和新能源汽车领域，它们都有很高的增速。我们看到这么高的行业增速非常兴奋，于是接着又做了一些研究工作，明白了它们为什么能有这样的增速，所以我们确定了这个投资方向。

芮萌：你们的投资方向从 9 个行业聚焦到新能源行业，然后从新能源行业聚焦到光伏和新能源汽车领域。任何产业从价值链来看，都有上游、中游和下游，那么你们聚焦于上游、中游还是下游？

卢纯青：从投资角度来讲，光伏、新能源汽车主要处于中游，但是从消费角度来讲新能源汽车处于下游，因为消费者最后买的是汽车。新能源汽车和传统汽车最大的不同就是前者会用到电池，而电池里会有很多上游材料，所以我们对上游的投资也有一些涉猎。相对来说，在行业层面，我们是比较聚焦的，聚焦于新能源行业；而从上中下游的角度来说，其实我们的投资都有涉及，因为整个产业链都会有一些投资机会。

芮萌：你认为新能源赛道未来的增速非常值得期待，那其背后的驱动力是什么？

卢纯青：我们以新能源汽车领域为例，其快速增长的引擎源于新能源汽车对传统汽车的渗透率大幅提升。其实早在2010年，我们就遇到过黄金渗透率提升带来的重大投资机会，那个机会源自电商。电商的渗透率经过了大幅提升，在这个过程中，我们看到了非常多的投资机会。如果行业增速是因为产品渗透率提升，那么首先增速会比较持久，其次在该行业成为最好赛道的过程中会出现很多投资机会。

芮萌：你刚才的分享，让我联想到一本书《创新的扩散》（*Diffusion of Innovation*），书中讲到人接受一个新的事物是需要很长时间的，中间有一个临界点就是13.5%。当一个新技术或新的业态的渗透率超过13.5%时，就会出现一个拐点，它的增长抛物线到了拐点以后会呈现加速增长的趋势。

卢纯青：在不同时代，投资的载体不太一样。二十多年前是互联网，十多年前是电商，现在往后是5G、新能源。我们认为从2020年开始，就开启了由中国制造引领的世界性的新能源时代。

全心投入不变的趋势

芮萌：我们可以用电商作为参照，十多年前它的增速就意味着未来新能源的行业增速。谈到电商不得不再提一下贝佐斯，贝佐斯是一位伟大的企业家，你认为他身上有哪些吸引你的特质？

卢纯青：第一个吸引我的特质在于，贝佐斯认为要把所有的资源全部投入不变的趋势。我们日常会调研很多企业家，会问企业家的三年战略、五年战略是什么，明年业绩会不会增长，会不会做某市场的爆品，会不会把产品拿到火爆的直播渠道上卖。很多企业家在做战略时都会关注变化，但是贝佐斯在 1999 年致股东的信中说："我做企业关注的是不变的事物。3 ～ 5 年内就会发生变化的事物不是我最主要的资源。我最大的战略是要把资源全部投入长期不变的事物。"他作为企业家的这种视角对我有很大的触动。亚马逊作为一家 1999 年就已存在的巨头公司，到现在还能屹立并有如此大的市值，我认为和贝佐斯的投资理念有很大关系。

芮萌：贝佐斯要把资源全部投入不变的事物，但有人会说，世界上永远不变的就是变化，该怎样区分变化的事物和不变的事物呢？贝佐斯所讲的不变的事物是什么？

卢纯青：贝佐斯想得非常清楚，他开始做的是电商，即渠道、桥梁，连接的是货品和客户。对他来讲，客户是最重要的，对于客户不变的需求就需要全心投入。客户一般有三个需求，一是价格便宜，二是一站式解决，三是购买便利，这些就是客户不变的需求。作为电商公司的创始人，贝佐斯把所有资源都投入这三点不变的客户需求上了。

芮萌：在电商时代最重要的就是抓住客户的心，之后才能增加客户黏性。要增强客户黏性，就要提升客户满意度，而要做到这一点，就要满足客户不变的需求。贝佐斯在创业过程中不断摸索，他肯定经历过很多挫折，他是怎样在不断的变化中找到这不变的三点的？

卢纯青：这就涉及第二个我非常认可并且需要学习的他的特质，这也是企业家非常难得的特质，就是“Day one”心态。什么是“Day one”心态？就是指将每一天都当成是新的起点，每一天都要像刚创立公司时那样去重新审视战略，问问自己我的管理行不行，我的每一个员工工作态度积极性怎样，我的公司是不是依然有够得着的目标和要实现的方向。企业家要能够坚持做一件事，他们想完成的是 10 年长期不变的目标，但他们每天面对的都是时刻在变化的世界，因此他们也要重新思考，世界变了，外部环境变了，内部竞争力变了，竞争对手变了，宏观局势变了，在什么都变了的情况下，自己要怎样做，该如何应对。

芮萌：“Day one”心态就是要时刻保持危机感，因为宏观经济在变，行业在变，竞争对手在变，公司本身也在变。如今的亚马逊是有几十万名员工的大公司，大公司一定会存在很多公司经营中常见的问题，你认为贝佐斯是如何不断优化他的管理模式或管理架构的？

卢纯青：我不知道细节，但是我认为有一点贝佐斯一直做得非常好，即日复一日长期做自己坚定地认为正确的事情，他对别人是这样说的同时也是这样做的。很多时候当环境变了、公司状态变了，其实企业家自己的很多动作就会变形，换言之就是会知行不合一，说的和做的不一样。如果企业家自己都言行不一致，他又如何影响员工、投资人或外部的合作伙伴呢？虽然我不知道贝佐斯是如何管理和要求自己的下属的，但我知道他以身作则，对自己的要求非常严格，再加上很好的公司制度以及长期坚守的经营理念，他的公司很难不成功。

芮萌：你刚才描述的长期做自己坚定地认为正确的事情、知行合一、高标准地要求自己等，是不是可以用使命一词来概括？你认为有使命驱动的企业家和没有使命驱动的企业家有什么区别？

卢纯青：我过去做了十多年研究员，见了非常多的企业经营者，一些企业经营者可能非常会赚钱，非常有商业天赋和头脑，能够敏锐地发现哪里能赚钱而且赚得比别人多、比别人快。对基金经理来说，虽然这样的经营者经营企业可能是一个投资标的，但我们却很难用企业家来称呼他们，我们认为他们还没有到企业家的位置，他们只是商人。真正的企业家和其他商人是不一样的，真正的企业家身上仿佛会散发光芒。企业家并非只会赚钱，要有灵敏的商业嗅觉，优秀的战略方向把控力和管理能力，企业家一定是综合能力非常强，才能让企业达到非常高的位置并使其有很好的成长性。然而企业家更重要的特质是，他知道自己要做什么，知道自己前行的方向，这与钱或者说短期利益没有关系，他对企业最后会成为一家什么样的企业是有自己的定义的，他对企业在社会中能够到达什么样的位置，能够为社会做出什么样的贡献，以及员工的职业生涯都有非常明确的目标。他能看见自己的目标并时刻督促自己向那个目标前行，这才是真正的企业家，他们是由使命驱动的，这也是他们和商人之间最大的区别。

芮萌：你刚才描述了一个伟大企业家身上应该具备哪几个特质，第一，他是一个长期主义者，他创办的企业不仅仅是为了获得短期收益，更是要解决社会问题，为社会创造财富和价值，这些使命在驱动着他。第二，他知道什么是不变的。我们所处的世界一直都在变化，企业家能够抓住不变的事物并使其成为企业的核心。除了使命，要想抓住不变的事物还需要什么？

卢纯青：刚刚说的使命其实是指，让企业的产品最终能发挥社会价值。除了使命，我认为还有一点，就是企业经营要基于人道主义。我看到的特别优秀的企业家，都会注重培养年轻人，对新员工负责，让他们的职业生涯有晋升的可能。这也是企业家与普通商人的不同之处。培养人才是企业家非常重要的工作之一，一个有几十万名员工的大企业的企业家，会有很重要的一块时间用来面试新的技术人员。所以这也是企业家重要的特质，即除了成就自己，成就自己的企业，还愿意花时间利用自己的所有经验以及一定的资源来培养年轻人，使他们也能够成长起来。

芮萌：这用另外一个词来概括就是利他，即企业家做事情除了从自己的利益出发，还会想到企业或者团队，让它们能够更好地成长，并且陪伴它们成长。总而言之，一位伟大的企业家有三点特质：第一点，他是由使命驱动的；第二点，他能抓住不变的事物；第三点，他拥有利他精神。如果用一个词来概括这些特质，那就是长期主义。只有一个企业家的梦想是要做一家长青的企业时，他才会有这三方面的想法，才会有这样的情怀和胸怀。

本文内容分享于 2021 年 1 月 6 日。

教授点评

本期的访谈嘉宾卢纯青女士在担任基金经理之前，还担任过研究总监的职务，对基金公司的投研能力深有体会。她根据自己的经历介绍了基金公司的投研黑箱。大家看到的是同样的信息，比如新闻、财务报表等公开信息，而基金公司却可以很好地利用这些信息去指导投资，这背后体现的是信息处理能力。基金公司的投研团队可以运用专业知识，通过上下游产业链的相互印证，以及从企业家或企业的视角思考战略，综合分析出一个合理的投资方向。这种投研能力依赖两点，首先是经验，经验会提升做出正确决策的概率；其次是学习，每天都有新的技术、新的产品和新的渠道诞生，基金经理做深入的投研，就要做到企业家懂的自己也懂，研发人员懂的自己也懂，市场营销懂的自己也懂，因此要不断学习。

卢纯青还对其重点投资的新能源领域进行了介绍，指出根据测算，无论是光伏还是新能源汽车领域未来5年的年复合增速都值得期待，这将是一个渗透率提升带来的重大投资机会。

卢纯青同时表达了对亚马逊创始人贝佐斯的欣赏，尤其欣赏贝佐斯提出的“全心投入不变的事物”的理念。对贝佐斯来说，最重要的是客户，而对于客户不变的需求是需要全心投入的。客户不变的需求有三个，一是价格便宜，二是一站式解决，三是购买便利，这正是贝佐斯和亚马逊所追求的。

第 12 章

规模越大，越要做减法

> 周应波，毕业于北京大学，曾任平安证券研究员、华夏基金研究员。2014 年 10 月加入中欧基金，本文采访期间担任投资总监 / 基金经理，现已履新。

芮萌：听说你硕士读的是控制工程专业，什么是控制工程？

周应波：控制工程的全称是控制理论与控制工程，偏理科，通俗地讲，当时我研究的是机器人方向。

芮萌：你是怎样从研究机器人方向的硕士生变成一位基金大咖的？

周应波：从管理年限来说，我还有很长的路要走，所以现在应该说我是基金的管理人员，我一直认为不应该将基金经理明星化。我读的是理工科，行业里有很多基金经理是理工科出身的。我的从业经历是，硕士毕业后进入互联网行业成为产品经理，然后到一家证券公司从事卖方的研究工作，之后逐步转到买方的基金公司，进行买方的研究。相对来说进入基金行业后，我走的是一条经典的成长道路，先做卖方研究，再做买方研究，然后逐步从研究岗位过渡到投资岗位，现在是基金经理。

持续进化，从行业轮动到个股精选

芮萌：你管理的基金规模已经达到几百亿元，你自己也成为有名气的基金经理。如果用一个标签为你的个人投资风格做总结，这个标签应该是什么？

周应波：用一句话来说，就是一直在学习，一直在变化。我们从初期的行业轮动或者说个股的分散，逐步走向深度研究和个股的集中。

芮萌：从行业轮动到个股的精选，背后的逻辑是什么？

周应波：无论是基金经理还是机构投资者，初期开始管理基金时都有一个不断学习的过程。随着管理规模不断扩大，管理年限不断积累，基金经理在市场上一定会有很多自己比较得意的时刻，但一定也有很多时刻是比较失败的。无论过去取得的成果多还是遇到的失败多，基金经理都需要在投资中不断迭代和改变。股市的背后是实体经济，中国是一个新兴经济体，在快速发展并不断变化，中国很多行业过去处于小、散、乱的状态，而最近十多年开始出现集中化趋势。无论是在国内集中化，还是走出国门与国际巨头竞争，从中都可以看到中国成长出一批企业，正在它们所在的行业不断扩大市场份额，这是一个大的时代背景。所以无论是基金经理自身在投资中不断体悟和改变，还是其投资的企业所获得的业绩不断增长，核心原因都来自企业的成长。企业是不断变化的，我们在投资中需要不断适应这种变化。过去三五年，一开始我根据自己以往所了解和研究的一些行业，如机械、新能源等行业来做投资，也就是根据自己的能力圈或者知识圈做投资，后来我通过不断向市场学习，不断了解实体经济的产业变化，确定了要走向集中，走向确定性的投资方向。我们是基于长期、深度、自下而上的个股研究以及对行业的认知做投资的，在迭代过程中我们尝试过做一些分散化投资，但是我们认为最终真正决定长期回报和投资本质的，应该是集中化和确定性。

芮萌：投资在迭代，企业本身在迭代，市场也在迭代。在市场投资者中，机构投资者越来越多，你有没有发现市场投资者结构的变化？这对你的投资风格的迭代产生了什么影响？

周应波：我们这一代基金经理是比较幸福的，虽然当前实体经济的增速没有过去那么快，整个市场的涨幅也不像过去那么大，但我们面对的市场越来越规范，越来越成熟。三十多年前基金行业刚诞生时，面临社会上的一些质疑，因为基金公司的投资主要基于坐庄分析，那时候，价值投资或者说通过企业基本面来研究股票的思想刚刚传到中国。中国刚刚有了卖方研究所，研究创造价值的理念刚刚被提出来。在之后的十多年里，在中国这个不太成熟的新兴市场，大家一直在摸索。最近五六年，境外投资者通过沪港通等新方式进入中国，投资者结构中机构投资者和外资的占比大幅提升，市场的生态出现了很大变化。在这样的生态里，尽管我们依然要面临市场大幅波动的挑战，但我认为市场整体的投资理念是趋于成熟化和理性化的。所以在这个过程中，我们要不断迭代，不断向外资学习，学习全球先进的投资理念，比如中国互联网行业的发展，中国互联网通过不断模仿和学习，最终会有自己的独创产品，形成相比于全球更加先进的理念，从而实现超越。

芮萌：你刚才讲到，在迭代过程中，你的投资风格的转变是从相对分散到相对集中，这让我想到芒格先生，作为一位投资大师，他的投资理念也是要相对集中。

周应波：芒格说过一句话，意思是无论是个人投资者还是机构投资者，在整个投资过程中，每天或者每年都会研究大量的企业，而遇到优秀企业的机会很少，当真的遇到一家优秀企业时，要敢于下重注。这也是区分能否把事情做得专业的重要的一点。

芮萌：只有把事情做得专业，才有能力去集中。如果没有能力，那就只能分散，因为不知道押宝押在什么地方。除了芒格的投资哲学，你对他还有什么其他认知吗？

周应波：巴菲特和芒格都是我们崇拜的投资大师，尤其是芒格，我认为他是值得尊敬和学习的伟大投资人。他的投资哲学比较简单，无论是对机构投资者还是个人投资者来说，都有借鉴价值。第一点，他一直强调投资是一件简单的事情，面对少数机会要抓住其中真正有把握的那一个。他同时也提到，去有鱼的地方打鱼，当遇到自己能力圈之外的问题时，选择正确认识自己，把一些太难的问题放到一边，这是他在投资方面的一些观点。大道至简，把一些复杂问题简单化，从而真正聚焦于自己能研究透的那一点，我认为这是对投资帮助比较大的一点。第二点，令我印象深刻的是，芒格是一个比较传统的人，他特别正直善良，非常重视家庭，有很多孩子，他认为找到一个比自己更优秀的伴侣的价值是无法用金钱来衡量的。从这个观点中可以看出，他是一位重视家庭和社会的投资人。我认为他的这两个观点，对于我们建立正确的人生观是很有帮助和启发的。

如何避开投资中的陷阱

芮萌：大道至简，但是做自己能力圈之内的事情，对一般的基金经理来说是很难的。我观察到，有些基金经理，特别是能力强的基金经理，都有过度自信的倾向，他们该怎样避免落入过度自信的陷阱呢？

周应波：我认为这种陷阱或者说误区每时每刻无处不在，我自己每天都会或多或少陷入其中，市场挑战的意义在于让我们不断看到自身的问题。从这一点出发，我做投资更偏向于高震荡市场和熊市，因为在牛市，我们自身的问题往往会被市场的繁荣所掩盖。具体到基金经理的工作上，就是基金经理在工作时间的累积以及产品规模变化的过程中会陷入一些误区，这就需要基金经理自身不断扩展能力圈，去应对规模上的挑战，买入更多股票，投资更多行业，在这一过程中基金经理可能会暂时取得成功，但从长周期来看也许并没有真正把握其中的本质。投资的领域越多，要研究的问题就越多，你往往会发现此时你在原本有优势的领域，反而会优势减弱。所以我有很长一段时间热衷于不断做加法，因为研究一些新的领域，投资一些新的企业，是让人感觉非常高兴的一件事。

如果恰好得到了市场的正反馈，你就会认为自己无所不能，什么都可以投资。但无论是对基金经理自己，还是对整个团队或基金公司而言，这都不是一件好事。我认为，无论是个人还是团队，能把某一方面的投资做好，就已经能为客户做出长期贡献了。所以最近一两年，我把之前做过的一些加法慢慢减了回去，不是完全减回去，其中有一些取舍，但我总体的想法是让投资更聚焦一些，做一些更重要的事情。

芮萌：这就像读书一样，先把书本从薄读厚，再从厚读薄。其实这是两个不同的境界。从管理 1 亿元规模的资产到目前管理几百亿元，你心态上最大的变化是什么？

周应波：这一过程中有很大的挑战。从量化的角度来看，从 10 亿元、20 亿元到 50 亿元，再到 100 亿元，我会理解为简单的加法，10 亿元、20 亿元可能对应两三个行业，50 亿元可能对应 5 个行业，100 亿元可能对应 10 个行业，基金经理在这三个层面所需的团队支持以及个人投入的工作时间是呈线性增长的。但是到了更大的管理规模之后，如果能把减法做好，基金经理个人和团队的工作反而都会变得简单。我们把自己所研究的行业减少，就能够真正看明白一些地方，进而能够在对企业的选择上做得更好。拉长持股周期，降低换手率，我们的工作和生活会更加平衡。我的在管基金规模从 100 亿元到 200 亿元时是我最焦虑的时候，也是我白头发长得最多的时候，到了三四百亿元后，那段时间我将事情变简单，我发现晚上失眠的情况反而会少一些。当我们把投资这件事情变简单后，投资业绩反而可能会变好，团队的工作更加聚焦，而且我个人的工作与生活也更加平衡。

芮萌：有人说投资是一个战场，要有狼性文化，要“狠”。当你的在管基金规模达到 500 亿元时，你反而更加轻松、更加平静，这是不是和上面几点也有关系？芒格曾经说过：走正道，路越走越宽。但是，如果选错了，路就会越走越窄。

周应波：我认为这一点是比较重要的。芒格投资的背后有一个深刻的哲学思想，即希望国家越来越好，社会越来越好，人民生活水平越来越高，这是关于投资的一个大的前提假设。我认为对投资者，特别是资产管理机构的投资者来说，这种前提假设是一定要有的。这样投资者对企业家创立的企业，对他获取利润的能力才有信心。如果没有前提假设，后面很多事情就都不存在了，这是其一。其二，把正直善良的品格用到投资上，找到真正能创造价值的企业家，选择能获得企业成长价值的投资道路，这样后面的事情就会变得简单。找到能真正创造大的社会价值，同时其企业价值也在不断增长的企业，以合适的价格买入其股票并长期持有，然后争取整个投资组合的收益，这是我们最主要的收益来源。我们的投资道路，用一句简单的话来描述，就是“走的每一步都算数”。在这条道路上，我们虽然走得慢，可能会遇到上坡、下坡，但我们会走得很远。然而，如果我们选择另外一些道路，可能遇到的就是迷宫、森林或沼泽，其中会有很多“兔子”“野猪”之类的机会，要抓住这些机会，就需要折返跑，我们可能在某一段时间走得很快，但也可能会面临很大的波动，这时我们自身和客户往往都不能从投资中获得回报。这对客户以及我们自身的长期竞争力来说，都是很严重的损伤。

从互联网 1.0 到互联网 2.0

芮萌：你毕业后的第一份工作，是进入互联网行业做产品经理，所以你也见证了中国互联网发展的整个历程。你能否梳理一下中国互联网产业发展经历了哪些阶段？

周应波：我属于中国互联网早期的网民，我记得那时的 QQ 号是八位数的，首个数字是“1”。20 世纪 90 年代是中国互联网开始发展的年代，以当时北京的互联网企业为例，它们大部分在中国是先例，它们的发展和美国互联网的发展几乎同步，但是当时中国的互联网基础设施比较差，网民数量少，没有好的商业化环境。所以尽管它们的理念在当时已经非常先进，但是并没有发展起来。它们之后的第二代企业才是中国第一代商业化企业，分别在搜索、电商和社交领域复制或模仿了国际上的一些发展业态，这些二代企业是在 2000—2010 年发展起来的。这一时期中国的互联网基础设施有了一定的改善，中国网民数量暴增。这一时期的社会叫作数字化社会，它的特征是互联网产业和其他一些行业结合起来创造价值，比如电商、搜索、娱乐、游戏等。在这个基础上，有些企业在商业上取得了巨大的成功，无论是企业利润还是上市后在资本市场的表现都非常好，所以它们是中国第一代互联网巨头。之后在从 2010 年到现在的十多年里，诞生了中国第二代互联网巨头。在它们诞生之初，中国互联网行业格局已经比较稳定，网民数量已经非常庞大，而它们赶上了一波机会，其中一个是移动互联网的应用越来越多，另一个是互联网和实体经济、社会的结合越来越紧密。在十多年前，把互联网产业从中国经济版图中拿出去，对中国经济没有什么影响，但是现在互联网已经成为人们生活和社会发展的必需品，成为社会最重要的基础设施之一。所以第二代互联网巨头面临着第一代互联网巨头格局已经稳定了的困难局面，但是前者基于互联网和生活的结合更具创新性和渗透性，从而找到了自身的商业价值。在某种程度上，第二代互联网巨头在市值上已经追上了第一代互联网巨头。我认为过去二十多年中国互联网行业的发展大致可以分成这几个阶段去描述。

芮萌：2010 年是一个分水岭，2010 年之前是互联网 1.0 时期，2010 年之后是互联网 2.0 时期。互联网 1.0 是 PC 互联网时代，互联网 2.0 是移动互联网时代。互联网 1.0 是“互联网 + 社会”，互联网 2.0 是“互联网 + 商业”，互联网 1.0 和 2.0 下企业的商业模式不同，那么第一代互联网企业家和第二代互联网企业家有没有不同?

周应波：在中国实体经济主要是制造业这一背景下，传统行业的企业家分为几代，我认为互联网企业家与此类似，也可以分为几代。第一代互联网企业家大部分是“60 后”“70 后”，他们大部分是留学回来，然后把国际上的一些商业模式搬到中国的市场上，使其在中国落地生根，并且他们在中国互联网行业的发展中抓住了机会，这是他们这一代人的特征。同时，这一代人创立的企业的架构比较传统，是自上而下一层一层的。第二代互联网巨头的创始人，从年龄上来说基本上都是“80 后”，大都接受了非常优质的教育，这代人基本上一直在不断创业。他们和硅谷的企业家很像，把持续创业融入了自己的血液中，所以他们创立的企业有一个典型特征，那就是架构扁平化，这和第一代互联网企业有非常大的差异。所以我认为，互联网企业家基本上可以分成这样典型的两代人。

芮萌：第一代人的特点用英文来讲是“me too”，就是直接复制；第二代人的特点则是“me better”，中国的场景太多，我们的商业模式要走在国际的前面甚至是原创。

周应波： 有一家中国企业在海外推出的一款 App，就是把一些先进理念在中国广大市场应用，然后又带到了国际市场上。中国还有不少这样的企业，甚至有些企业在本土市场上的一些探索成果，实际已经远远超越了国际上的同行。

芮萌： 你讲到第二代互联网企业家的一个特质是把持续创业融入了自己的血液中。你认为是什么精神在促使他们不断创业，不断超越自己的商业模式？

周应波： 我认为是多方面因素促使的。其一，2010 年之后，中国的经济实力大幅提升，这一代企业家或者说创业家在创业之初，面临的生存压力比较小。其二，随着社会的进步，这一代企业家都接受过良好的教育，起点比较高。其三，中国庞大的人口和实体经济，为互联网的商业实践创造了非常好的环境。也就是说，第一代互联网巨头和其他互联网企业，打造了非常好的互联网生态环境，在这样的环境中，企业家可以做的事情非常多。

站在未来的角度思考商业逻辑

芮萌： 新一代互联网企业家的格局和眼界是完全不一样的，

他们站在未来的角度来思考商业逻辑。对你来说，这一点在投资过程中是不是也值得借鉴？

周应波：我们以亚马逊作为对比样本，亚马逊的贝佐斯曾经说过："大家都说我们的季度业绩非常好，实际上我们的季度业绩取决于我们三年前甚至更早些时候的努力，我从来不会和企业管理层对本季度，甚至本年度的业绩做更多的预测或分析。我们所做的事情是为了三五年后企业的发展，如果我们能够看得更加长远，布局得更加长远，企业的生命力就会更强。"这就是贝佐斯倡导并加以实践的非常成功的长期主义，这种理念在中国第一代互联网企业中体现得有点模糊，它们基本上与传统企业一样，每一年都做预算。某些第二代互联网企业在这一点上做得比较好，他们做的很多事情都是布局长远，他们把长期主义的哲学理念真正贯彻到创业和企业管理中，这一代互联网巨头甚至逐步在超越像亚马逊这样的企业。我认为第二代互联网巨头中有希望出现在全球范围内超越美国互联网巨头的企业。如果这些企业能完成超越，那么我国的投资者就是幸运的，可以伴随它们一起成长，分享它们的成长价值。

芮萌：刚才你讲到的内容，意思是把长期主义贯彻到商业模式和组织架构中，如今的组织架构追求扁平、敏捷。为什么敏捷变得这么重要？

周应波：这可能与大环境有关，比如2000—2010年，中国城镇化进程和中国互联网行业的发展都比较注重速度。那几年，中国经济每年都在以非常快的速度增长，因此那些管理模式粗放但发展速度很快的企业就能抓住机会。在那一时期，很多行业并不需要运营精细化，只有快速发展才能适应当时的社会，互联网行业也是如此。2010 年之后，中国经济从量的增长转向质的增长，互联网行业也是一样。中国已经形成全球最大的网民团体，从 PC 互联网到移动互联网的转变，对企业运营精细化、局部领域优势的建立、应对变化的敏捷化提出了非常高的要求。这时候第二代互联网企业需要革新组织架构以应对社会的变化。这一代企业家年轻，思路开阔，思想迭代快，他们建立起来的企业有一个典型特征，即不是金字塔形而是扁平化的，同时他们会根据应对竞争格局所需要的战略快速调整组织架构。第二代互联网企业具备这样的特征。它们适应社会变化的敏捷反应能力，在管理学角度可能超越了美国同行。它们的发展类似于丰田汽车的发展，丰田汽车是日本企业，它学习的是通用汽车和福特汽车两家美国企业的模式，但它最终以精英化生产成为全世界的学习对象。中国互联网企业也是如此，青出于蓝而胜于蓝。

芮萌：现在中国互联网企业家正在不断推动商业模式和组织架构的进步，其背后的理念也在不断超越美国同行，因为他们想解决社会问题，推动社会进步。我们刚才回顾了中国互联网企业的发展历史，也谈了两代互联网企业家的区别，你预测未来中国互联网应该是怎样的模式或生态？

周应波：2020 年初出现了一个概念，叫“全真互联网”，相对来说我认可这个概念，认为它可能会成为下一代互联网的代名词。我们对这个概念做了一些研究，之后梳理了互联网的发展历程，我们把 20 世纪 90 年代到 2000 年的互联网称为“全假互联网”，此时的互联网是虚拟的、独立运转的，与经济社会没有联系。之后十多年里的互联网叫“半真半假互联网”，此时互联网和经济社会有一定的联系，但不够紧密。2020 年新冠肺炎疫情暴发后，很多行业的运转和互联网的结合变得非常紧密，这是突发事件。互联网的每一次飞跃和发展——最早是 PC 互联网时代，然后是移动互联网时代，其背后都有技术和基础设施的支撑，现在很多行业出现了技术硬件和基础设施上的变化。比如汽车的智能化，包括汽车的自动驾驶等。再比如通信技术的发展，包括 5G 和未来 6G 的发展。当上网不再依赖某一个设备，比如智能手机，而是变成物与物之间的联系时，就进入了物联网时代，未来将是一切无时无刻不在互联网上的时代。那什么时候的互联网是全真互联网呢？举例来说，未来眼镜可能就是一个自带互联网功能的显示器，它能创造出一个增强现实（AR）的世界，其中既有虚拟现实（VR）技术虚拟的部分，也有实体部分。到那时互联网和现实世界融合在一起，我们无须打开某一个特定的装置就能看到互联网世界。这种场景类似于二三十年前的科幻片，那时候这些场景更多的是出现在艺术作品中，但是现在随着技术的发展，它们已经变为现实。2020—2030 年，全真互联网或者新一代互联网会继续推进。在这一背景下会诞生很多新的商业模式，新的商业模式会对原来的互联网格局产生局部的，甚至颠覆性的影响。

互联网发展给选股带来的挑战

芮萌：对第一代互联网企业进行估值相对来说是比较容易的，因为我们能看到企业的现金流，但是对第二代互联网企业进行估值很难，它们要么不赚钱，要么一赚钱就把上辈子和下辈子的钱都赚到，也就是指数式发展。这种情况是不是给选股或估值带来了很多挑战？

周应波：确实如此，挑战主要涉及两方面，一方面是估值方法的变化，另一方面是估值方法变化背后企业发展模式的变化。第一代互联网企业遵循传统制造业基于利润表的发展模式，第二代互联网企业更多基于长期投资的模式。这种投资模式有些是有形的，比如京东的物流基础设施是一种固定资产；有些是无形的，比如投入资金发展技术，形成技术壁垒，这种投资在资产负债表上是反映不出来的。但无论是利润还是现金流，都不是线性增长的，在某一段时间内甚至为负，然后到一个阶段会突然大幅增长。对于这种情况，投研并没有捷径，只能是深入研究企业及其商业模式。企业坚持长期主义，我们的研究也要坚持长期主义，要预测到企业现在所做的事情对它 5 年甚至是 10 年之后的影响，然后将那个时间段的估值折现。如此一来，过去的经典估值方法才会有一个接口被用于企业估值，从而支撑着基金经理对企业进行合理的投资。

芮萌：其实这只是把时间拉长了，让我们所遵循的长期主义更加坚定。感谢应波，刚才我们简单地梳理了中国互联网企业的发展历程，也比较了两代互联网企业家的区别。要做成一家伟大的企业，首先要解决社会问题，要不断推动社会进步，要站在未来看今天，要站在全球看中国。另外，生态的概念是指，在生态圈中要让所有利益相关者都能很好地成长，如此生态圈才能可持续发展。

本文内容分享于 2021 年 1 月 15 日。

教授点评

本期的访谈嘉宾是基金管理规模超过500亿元的基金经理周应波先生。管理如此大规模的基金有两种方法，一是投资更多的行业和企业，二是下更大的注。周应波在基金管理规模扩张的初期，更多的是做加法，也就是随着管理规模的增加覆盖更多的行业，比如10亿元、20亿元可能对应两三个行业，50亿元可能对应5个行业，100亿元可能对应10个行业，背后所需的个人和团队的投入是线性增加的。当在管基金达到更大规模后，做加法的逻辑遇到瓶颈，周应波开始做减法，减少覆盖的行业，使团队的工作更加聚焦，在对企业的研究上挖掘得更深。周应波的减法思想学习自他最崇拜的投资大师芒格，减法思想带来的是持股周期的拉长、换手率的降低以及投资业绩更出色的表现。减法逻辑的根源，其实是去伪存真，探寻可以创造社会价值的企业家，而非只在行业内博弈的企业家。前者在创造社会价值的同时，带来了企业价值的提升，企业价值提升又可以创造更大的社会价值，进而形成一个正向循环，投资者也就敢于下更大的筹码。

周应波还对中国互联网企业的发展历程进行了总结，第一代互联网巨头是通过模仿学习国外的业态产生的，第二代互联网巨头是随着移动互联网的普及诞生的，随着中国移动互联网带来的发展优势，中国互联网企业很有可能会超越它们曾经的学习对象。

第 13 章

多元化，必须是围绕主业的多元化

黄华，毕业于上海财经大学，曾任平安资产管理公司组合经理、中国平安集团投资管理中心资产负债部组合经理、中国平安财产保险公司资产管理部 TAA 团队负责人。2016 年 11 月加入中欧基金，现任固收投决会委员 / 投资总监 / 基金经理。

芮萌：你是负责公司“固收 +”等多资产类别的基金管理的，能不能简单分享一下你的职业发展路径？

黄华：我毕业后先进入一家外资公司工作，然后到了中国平安。中国平安在金融行业素有“黄埔军校”之称，培养出了很多行业精英。我在中国平安工作了 9 年，从财务做起，之后转岗成为投资经理助理、组合经理，最后成为一名团队负责人。2016 年 11 月我来到中欧基金，也是从零开始做起。

在可控风险下争取最大收益

芮萌：如果让你总结一下自己的投资风格，你会怎样去形容？

黄华：整体来说，首先，我的投资风格是偏稳健型的，就是尽可能不让投资者亏钱。其次，虽然我比较厌恶风险，但是会具体情况具体分析。在投资领域，没有风险就意味着没有收益，所以我们工作的关键是在风险和收益之间找到一个平衡点，这是做多策略中非常重要的一点。我们团队一直在努力平衡风险与收益，在风险尽可能小的情况下，使收益尽可能多。

芮萌：这用行话来讲，就是放大夏普比率，在可控风险下争取更高收益。现代金融学中的一条铁律是，把鸡蛋放在不同的篮子里，做资产配置就是在不同种类的资产中进行合理的配置。你在这方面的心得体会是什么？

黄华：我最开始在中国平安接触的资产类别有十多个，如果考虑会计分类，那么加起来有三十多个，因为不同会计分类下有不同的资产。我在中国平安做过股票、债券、银行存款、信托计划投资，以及另类股权投资，对房地产投资、私募股权投资也有所涉及。由于公募基金存在标准化等限制，所以我们（中欧基金）目前的主要方向是投资股票、债券。中欧基金的多资产团队专门有 FOF 产品，而 FOF 产品除了股票、基金、债券，还有黄金 ETF。现在，我国在金融方面越来越把实物资产标准化，比如铜、原油，甚至已经有原油 ETF。这些实物资产标准化后都可以被纳入我们的多资产组合的投资范围。

忽略短期，注重长期

芮萌：当你讲多资产配置时，我想到了大卫·史文森（David Swensen）。他在很久之前就提出了资产配置的概念，并为耶鲁大学捐赠基金带来了丰厚的回报。你能否谈谈他？

黄华：史文森的资产配置模式对中国的资产配置，尤其是多资产配置和保险资产配置的影响很大。他第一次创造性地提出，把整个资产组合变成一个有效前沿。简单来说，有效前沿就是一个资产组合在每一类具体资产的比例上，在风险最小化时达到收益最大化，或者在收益最大化时达到风险最小化。这是史文森提出的一个主要理论，同时他在自己的图书著作里用一些简单浅显的例子向投资者展示了一个观念：没有那么多专业知识也能进行资产配置。

芮萌：实际上，普通投资者在未深入了解专业概念的情况下也能进行投资。

黄华：所以很多资产配置的知识其实是我们在日常生活中所见的，甚至有些在投资过程中已经得到了应用，只是我们不知道而已。耶鲁大学捐赠基金在资产配置领域树立了非常好的榜样。国内现在还有一家非常有名的投资公司——高瓴。高瓴创始人张磊是史文森的学生，高瓴的第一桶金就来自耶鲁大学捐赠基金。高瓴获得了巨大的成功，耶鲁大学捐赠基金也因其获得了巨大的收益。除了资产配置外，史文森在他的著作中体现的，以及他在耶鲁大学捐赠基金特别注重的，都是长期化。长期化意味着尽可能忽略短期波动。例如，建立教育基金为的不仅仅是今年、明年的收益，更是今后 10 年、20 年的收益，最终目的是使教职人员安心在学校工作。一个人的工作年限一般有几十年，所以教育基金更注重长期化，这与中欧基金目前用长期业绩说话的主题比较相像。

芮萌：那么对个人投资者来说，什么是长期，几年算是长期？

黄华：其实很多投资者问过我这个问题。举个大家熟悉的例子：关于买房，你至少会持有 5 年，若是少于 5 年，则交易成本太高，不划算。投资基金与买房一样，对于中国老百姓来说，他们配置最大的资产是房子，而且要至少持有 5 年。同样，投资基金也要以 5 年为一个周期，从国内的股票和债券市场来看，5 年时间可以覆盖一个牛熊市，甚至震荡市，它们在 5 年内基本可以循环一个周期。如果能够坚持持有股票型基金 5 年，或许会大大提升获取投资回报的机会。

芮萌：从统计数据来看，其实普通投资者的投资期限非常短，持有基金时间超过一年的并不多，绝大多数投资者在持有几个月后便选择了抛售。你是怎样让投资者能够长期持有的呢？

黄华：这是令基金经理很困惑的一个问题，我们希望投资者可以锁仓5年，但实际上很多投资者的持有时间可能还不足5个月。从统计学角度来看，投资者如果没有关注这一点，可能是因为他们看不到它。但是基金经理可以看到，一般来说，投资者的持有时间越短，获取收益的概率就越低；相反，投资者的持有时间越长，获取收益的概率相对就越高。投资者可能对此并不了解，因此市场上哪个产品热度高，他们就可能会买哪个。从理论上来说，当一个产品热度高时，其价格一般处于比较高的位置，如果这时候买进，就是在缩小未来长期的回报的空间。每一个投资者都想做到高抛低吸，但实际上很多人做的是高吸低抛，因而也就变成人家口中的“韭菜”。基金经理信奉的是长期的力量，有很多方法使投资者能够长期持有，比如可以考虑一些封闭型产品，另外千万不要把所有钱投入高风险资产。2015年，很多人借杠杆，也就是借贷炒股，当你借杠杆，甚至将所有钱投入风险资产时，市场稍微一波动，你就会承受不住。试想，如果你有100元，你拿出5元做投资，即使这5元全亏了，对你的生活也不会产生多大影响。但如果把100元全部投入风险资产，若价格下跌50%，你可能就会承受不了，因为这会极大地影响你的生活。

所以，个人投资者在投资的时候，一定要考虑自己的风险承受能力。一方面，投资者可以拿出一部分钱投资高风险资产，拿出另一部分钱投资低风险资产，这是资产配置的主要形式。在这种资产配置下，投资者的风险资产即使在短期内遇到比较大的回撤，也能稳住。另一方面，想要长期持有，投资者可以考虑一些封闭型产品。通过这样的配置，投资者不仅分散了风险，同时持有的时间也会更长，持有时间越长，获得收益的机会就有可能越多，这反过来又会促使投资者持有更长时间，如此就产生了一个正循环。

所以投资者在做投资时，需要对自己的资产做简单的配置，总结一下就是要量力而行。量力而行的第一点是，投资要基于自己资金的多少，千万不要借钱或加杠杆投资高风险资产；第二点是，投资要基于自己实际的风险承受能力。也许风险评测结果显示某个投资者的风险承受能力很强，然而他真正的风险承受能力与他的认知还是有区别的。这涉及一些哲学层面的问题，即人认识自己是非常困难的。在投资方面，认识自己的困难在于，我们往往在情绪高涨的时候认为自己无所不能，在这一点上基金经理也一样。投资者可能会认为基金经理都很理性，但其实基金经理也是普通人，面对市场上涨时同样会很兴奋，这可能也会间接导致基金经理出手会重一点；市场大幅下跌时，基金经理也会很恐惧。所以，我一直反复强调基金经理也是普通人。

投资者不要认为个人理财或者资产配置有多难，只要稍微有点意识，尊重风险，对自己的风险承受能力有所把握就可以。在冲动时想想自己的孩子要念书，自己的房贷没还完，自己还想去旅游，等等。当你把这些因素都纳入考量，你自然会在投资时谨慎一些。当你敬畏、尊重风险时，你反而可能会获取更多的收益。

优秀的企业家≠优秀的投资人

芮萌：很多人往往会过度自信，特别是一些企业家，他们会认为自己是非常优秀的企业家，白手起家，从无到有，现在的资产有很多，自己天生就是一个财富管理者，即投资人。优秀的企业家和优秀的投资人之间有必然的等号吗？

黄华：优秀的企业家和优秀的投资人之间没有必然的等号。我们这两年既做股票又做债券，从股票角度来看，一些上市公司原来只有两三百亿元的市值，其中有的现在达到两三千亿元，而有的却只剩下十几亿元。我们可以看到，有些公司的价值在高速增长，而有些公司的价值在降低。从债券角度来看，一些民营企业家把企业经营得很好，所以他们在前几年市场很好的时候做了一些大规模的扩张，可能偏离了主业，没把资金用在打造核心竞争力上，而是用来买地或者建楼，然后这些公司首先爆发债务危机，接着出现违约问题，导致资金流出现很大的问题。这时候，管理这些公司的企业家还是优秀的企业家吗？他们短期内经不起诱惑，把资金用来做偏离原来发展方向的事情，因而付出了非常大的代价。在债券和股票市场有很多这样的例子，无论是在国内还是在国外，都是创业难，守业更难。

芮萌：刚才你提到的例子，我在课堂上也与学生们讨论过，他们觉得这明明是教授教过的企业多元化经营概念，不是要做多资产配置吗，所以企业在主业之外还配置了其他资产，这难道不对吗？你怎样回答这个问题？企业资产配置与基金资产配置的区别在哪里？

黄华：简单来说，企业的多元化必须始终围绕自己的主业，偏离主业做多元化会消耗企业自身的核心竞争力。现在的企业处于一个高度竞争的环境中，如果不能在主业领域做到最精，就随时可能会被取代。而且，盲目多元化会消耗企业非常多宝贵的时间和财富，这样一来，企业竞争力会逐渐减弱，导致企业慢慢变得平庸，进入下行趋势。

投资多元化的原因要从个人投资者角度来看，假设个人投资者将其百分之百的资金投入股票型基金并持有5年乃至10年，那获益空间相对于多元化资产配置的获益空间更大。企业投资也是一样，企业如果把大部分资金投入某个领域，其冒的风险会更大，若方向对了，就能赚很多钱，但若错了，就会覆水难收。在这一点上，企业投资与个人投资是一样的。企业的多元化在某种程度上也是为了降低风险，在降低风险的同时，回报率肯定也会降低。当企业做大的时候，首先要做的是分散风险，可以适当减少收益，但不能使资金周转不过来。对个人投资者来说也是如此，个人投资者进行分散化投资，就会缩小回报率的提升空间。现在很多投资者希望有更大的投资收益，这没问题，他们可以把所有资产投入风险资产中，但前提是持有的时间要够长。不过，在这一过程中大部分人都无法等待，然后就直接出局了。一旦出局，即使再次买入，后面的涨幅再大与他们也没关系了。

总而言之，个人投资多元化与企业投资多元化其实是一样的，都是为了降低风险，但从某种程度上来说，降低风险就会降低回报率。如果你希望有更多投资回报，同时你的风险承受能力很强，那你完全不需要多元化。但实际上，个人投资者的风险承受能力肯定不如优秀企业的风险承受能力，所以个人投资者希望更加多元化，使风险降低，从而获取相对稳健的收益机会。

芮萌：企业家的核心能力或者竞争优势存在于他们自己的能力圈内，如果超出了他们的能力圈，就不存在了。作为管理很多资金的基金经理，你是怎样扩展自己的能力圈的？

黄华：在这一点上，我认为人的能力和精力都是有限的。如果是我个人，投资两三家企业就够了，而现在我可以投资五六家企业，是因为我身后有庞大的研究团队，所以大家一定要学会借力。一个人可以走得快，但一群人才能走得远，我一个人管理二三十亿元的资产可能就已经达到能力极限了，但是有了团队的支持，我就可以管理两三百亿元的资产，以前在中国平安甚至能管理几千亿元的资产。现在的社会需要团队作战，一个人在过多的方面同时操作，将资金过度分散在许多标的上会有负担。有些个人投资者会买入股票、债券、黄金、外汇等很多产品，结果到最后亏了好多钱。如果他们只买一只股票或债券并持有 5 年，或许会有更多的收益机会。对企业家来说，开拓两三个与主业相关的业务，可能会带来很多收益甚至会反哺主业，但如果开拓十多个业务，就是在消耗自己的核心竞争力。个人投资者也是如此，如果他把 100 元投入如股票、债券、黄金等两三个市场分散风险，那他可能会发现结果还不错，但如果他同时还炒期货、比特币、外汇，结果就会发现无限多元化不叫多元化，而更多的是乱投资。这样的投资者不仅在股票市场被割了“韭菜”，在币圈也被割了“韭菜”，在外汇市场、黄金市场都被割了“韭菜”。

芮萌：所以，个人投资者要从三个维度做选择，第一个是收益率，第二个是风险，第三个是持有时间或者流动性。要做到高收益、高风险，流动性可以好一点，但是如果既要高收益又要低风险，那就只能牺牲流动性，同时也要放弃没有理由的多元化。要集中精力把资源放在最有效的资产上，真正让时间来增加财富，这才是投资的关键，要在多元化、个人能力及风险承受能力三者中取得非常好的平衡。

专业创造价值

芮萌：我知道你最尊敬的一位企业家是中国平安的创始人马明哲先生。能不能介绍一下你所了解的马明哲先生？

黄华：马总在中国平安内部相当于灵魂人物。他从无到有创造了一家企业，并将企业发展成为这么庞大的金融集团，他对中国甚至全球的保险业、金融业，都做出了突出贡献。早在2012年，中国平安就成为全球系统重要性金融机构，当时中国只有两家全球系统重要性金融机构，一家是中国银行，另一家就是中国平安，这两家企业的稳定性不仅影响着中国金融业的稳定性，也影响着全球金融业的稳定性。

芮萌：马总身上有哪些特质？

黄华：中国平安内部有一句话：专业创造价值。马总非常强调专业化，他要求我们首先执行力要强，我们的服务和产品要标准化，同时我们也要做一些长期化的事情。他希望把中国平安做成百年老店，甚至百年都太短了，要做更长时间的老店。在这一点上，二三十年来，中国平安的整体战略没有发生过改变。我们做股票投资时看到，有些企业最开始是按照设想去做的，但后来发现市场诱惑比较多，就开始慢慢偏离主业。这么多年来，中国平安一直坚持最初的战略，要做到这一点是比较难的。

芮萌：谈到专业，我们自然会想到员工要专业，产品要专业。你能不能分享一下中国平安的员工的专业表现？我听说中国平安的高管都是从外面聘请来的，是不是？

黄华：中国平安的一个特点就是高管的国际化，当时中国平安的高管中有50%的是外籍，这在国内金融行业是比较少见的。马总经常说，既然中国平安想成为一家全球化企业，想在全球有影响力，而如果高管都是本土的，那就很难走出去。

高管的国际化一方面可以为中国平安带来很多国外的先进经验，另一方面也能使中国平安跳出原有的一些框架，使产品更加标准化。十多年以前，国外很多金融产品是标准化的，而国内很多金融产品其实是非标准化的，非标准化的产品使企业很难做大。所以以前有一句话是这样说的，如果你掌握了标准，即使你的产品没有很强的竞争力，你也可以挣很多钱。标准化对整个企业发展的影响是很大的。有人把企业家分成三类，一般的企业家做产品，优秀的企业家做服务或者品牌，卓越的企业家做标准。只有制定了标准，企业才可以赚大钱，制定标准后，企业就会成为一家高度标准化、流程化，甚至可能成为非常优秀的企业。举一个简单的例子，马总有一次去日本做访问时，看到日本保险行业的工作人员对客户非常尊重，见一个人就鞠一个躬，这在国内简直不可想象。马总很受触动，他回国之后在中国平安内部强推服务的标准化，让我们见到同事要鞠躬，感谢对方为企业所做的贡献；见到客户更要鞠躬。最开始很多人不习惯，但马总以各种方式，甚至以强力手段在全集团推行。以前很多客户感受不到企业对自己的善意，甚至很多个人客户怀疑企业是要骗自己的钱。在这种大环境下，当客户走进中国平安，员工向他鞠躬，并为他提供非常好的服务时，客户所受到的震动是很大的。在这方面，中国平安引领整个保险业慢慢提升标准化程度，这在之前是没有的，这个服务标准化的举措，为中国平安创造了巨大的价值。

芮萌：这一举措是如何执行到位的？马明哲先生用了什么方法？

黄华：首先，马总坚持以身作则。有一个关于马总的故事，就是他在电梯里会给进电梯的每一位同事鞠一个躬。其次，马总的决心很坚定，为了推行服务标准化的举措，他可以舍弃其他一些人或事。当时有一件事简直让我们不敢想象，一个在集团内部职位比较高的员工，在业务方面很专业，对集团的帮助很大，但仅仅因为没有坚持礼仪的事情，就被集团舍弃了，这对我们的触动很大。马总认为这种舍弃是值得的，必须在全集团统一服务标准，在这一点上可以看到他的执行力度有多大。

芮萌：中国平安不愧为金融业的“黄埔军校”。这种举措现在感觉比较容易执行，但在当时对你们来说执行起来肯定是很困难的。中国平安给人们的另一个印象就是非常多元化。中国金融市场现在是分业经营的，中国平安是从保险公司做起，从财产保险到人寿保险慢慢过渡而来的，它的发展路径是怎样的？

黄华：中国平安始终围绕核心主业做事。一开始因为中国人寿的主要业务是人寿保险，所以中国平安就以财产保险起家，然后慢慢拓展到人寿保险，这两个业务都属于保险领域，后来拓展到养老保险、健康保险。中国平安还经营了一家很小的银行——平安银行，因为在中国金融环境里，银行占主导地位，在获客等方面有很大的优势，并且银行能与保险互相配合，银行与保险可以做综合性金融，所以后来中国平安在做综合性金融时是保险促进银行，银行又促进保险。之后，中国平安又遇到了并购深圳发展银行的机会。以前是小的平安银行，现在是大的平安银行，平安银行与平安保险之间有协同效应，投资也能为中国平安创造未来，帮助平安保险和平安银行争取更大的收益。

现在中国平安慢慢转向科技驱动型，为什么要转向科技驱动型？因为马总认识到科技是企业最核心的力量。马总认为中国平安的竞争对手不仅仅是国内的保险企业或传统的金融机构，像阿里巴巴、腾讯、蚂蚁金服等企业未来都有可能成为中国平安的竞争对手。现在蚂蚁金服、腾讯也开始做保险业务了，所以，有时候打败我们的不是竞争对手，而是时代。综合这几方面的原因，马总始终有非常强烈的忧患意识和危机感，所以中国平安在进行多元化经营时，始终围绕增强保险业务、增强集团竞争力这个中心点，其银行业务和现在的科技领域的业务以及医疗领域的业务，也都与保险业务高度相关。

现在很多企业都在追求多元化，什么业务赚钱就去做什么，但是如果偏离了主业，那就是在消耗自己的资源和精力，短期内可能会赚很多钱，可一旦市场反转，就不仅会在该业务上有所亏损，还会把主业拖垮。从这种情况可以看出，多元化是有边界的。

芮萌：你是如何将在中国平安的 9 年工作经验应用到现在的基金管理上的？

黄华：首先，我在中国平安有了管理大规模资金的经验，而且中国平安的资产配置是全球化的，除了国内，还涉及欧洲、美国、日本。此外除了权益类产品，即标准的股票、债券等，中国平安也投资房地产、股权并购基金等。其次，中国平安的多元化对我们现在的股票、债券投资，甚至未来的多元化 FOF 投资是一笔宝贵的财富。中国平安能以更高、更宽的视野看事情，这对我现在的投资有很大的启发。

芮萌：很多个人投资者只关注收益，或者在关注收益的同时也关注风险，但是忽略了资产配置中另一个更重要或者同等重要的变量，即相关性，不同资产之间的相关性。投资之所以做资产配置，就是因为不同资产之间的相关性起到了分散风险的作用，在这方面，你对投资者有什么建议？他们应该怎样考虑不同资产之间的相关性，同时在自己的核心能力圈内做有效的资产配置？

黄华：我认为投资者在做资产配置时，首先要考虑风险。前几年市场表现不错，投资者都认为投资股票和股票型基金能赚很多钱，事实确实如此。但是无论怎样，这些都是风险资产，即有风险的资产。2020 年 3 月到 4 月，美国暴发新冠肺炎疫情，美股下跌百分之三四十，那是非常可怕的。所以投资者在做任何风险资产投资时一定要先考虑风险，以及自己的风险承受能力。做投资先不要考虑赚钱的问题，先要考虑亏钱的问题，自己亏多少钱能承受，就拿多少钱做风险资产投资。

其次，要考虑自己的持有时间。如果你想持有一两个月，那么买货币基金就可以。如果你想持有一年以上甚至两三年，那么可以考虑做风险资产投资。最后，要考虑怎样做资产配置。在做资产配置时，年纪大的投资者，一般风险承受能力低，配置权益类资产的比例可以小一些，而年轻投资者配置权益类资产的比例可以大一点。最简单的测算方式是用 100 减去自己的年龄，假如我今年 30 岁，100 减 30 就是 70，即我可以配置 70% 的权益类资产，但前提是要持有足够长的时间。在这一点上，持有时间比资产配置要重要。长期来看，权益类资产的回报率空间更大一些，投资者可以简单地配置 50% 的权益类资产、50% 的固定收益类资产，然后持有足够长的时间，两者加权，风险调整后的回报会好很多。具体的资产配置还是要跟个人的财产情况和风险承受能力结合。

芮萌：你刚才讲了一个非常好用的公式，用 100 减去年龄，就是配置权益类资产的合理占比。但有些投资者不想只配置固收类和权益类资产，你对他们有什么建议？比如他们想配置黄金或石油，那么可以选择哪些基金产品？

黄华：现在中欧基金的 FOF 类产品，除了股票型基金、债券基金外，还有原油 ETF 和黄金 ETF。对于个人投资者，我的建议是，尽可能不要太分散，现在市场越来越复杂，而个人投资者的专业知识往往不够。基金经理背后有基金公司，以中欧基金为例，中欧基金内部关于股票和债券投资的，有四十多个研究员、十多个信用研究员，以及宏观策略研究员，加起来近 60 个研究员，这是个人投资者所不能比的。所以，个人投资者可以考虑把钱交给专业投资者去投资。持有时间长一些，投资者或许反而会有更大的收益机会，如果一名投资者既想投这个又想投那个，而且仅凭自己的力量做投资，那失败的概率会很大。

芮萌：所以，普通投资者要想成为优秀的财富管理者，首先要对自己有认知，了解自己的风险承受能力，以及持有时间，之后再追求收益率以及进行配置资产。个人能力非常有限，个人投资者不可能无限制地做多元配置，但如果他们想进行多元配置，那最简单的方法，就是把钱交给专业的人，让专业的人做专业的事。

本文内容分享于2021年4月7日。

教授点评

就像本期访谈嘉宾黄华先生所说的一样，先不要考虑赚钱的问题，先要考虑亏钱的问题，投资者在进行任何投资时，首先要考虑风险。举一个简单的例子，假设一只价格为 100 元的股票跌停，变成了 90 元，之后有一个涨停但价格只能回到 99 元，而不是 100 元，下跌带来的本金的损失让股票上涨需要更大的涨幅。再举一个更极端的例子，一只价格为 100 元的股票跌到 50 元，跌幅是 50%，而这只价格 50 元的股票要重新涨回 100 元则需要上涨 100%。这看上去有些触目惊心，所以投资者在参与市场前一定要评估自己的风险承受能力，真正地重视风险。投资中另一个需要考虑的重要因素是持有时间，只有能持有足够长的时间，才可以考虑做风险投资。从统计学的角度来看，持有基金的时间越短，获得收益的概率越低；相反，持有的时间越长，获得收益的概率越高。然而根据统计，很多投资者的持有期不足一年，甚至有些连半年都不到，这就是很多投资者赚不到钱的根本原因。

黄华先生曾就职于中国平安，他以中国平安为例，讲述了中国平安进行多元化经营时，始终围绕增强保险业务和整个集团的竞争力这一点。企业必须始终围绕主业进行多元化发展，如果偏离主业，就会消耗自己的核心竞争力，长此以往会顾此失彼，进而被别的企业所取代。

第14章

先有明星团队，才有明星经理

> 李彤，毕业于新加坡国立大学，曾任比利时KBC证券公司（日本）高级股票分析师、太平洋投资管理公司（新加坡）信用研究部高级副总裁。2019年10月加入中欧基金，现任固收投决会委员/固收联席投资总监/固收研究总监/基金经理。

芮萌：能不能简单回顾一下你在基金行业的职业发展路径？

李彤：我很早就到海外发展，我的第一份工作是1996年加入投资银行做股票研究员，然后辗转在新加坡、日本、美国等国家，从事股票和债券的研究与投资工作。确实，我经历了很多起起伏伏，牛熊轮换，也亲身经历了几次债券市场和股票市场的金融危机。

“债券之王”和他的团队

芮萌：你之前专注于股票投资，现在专注于固收类产品或者说债券投资，你认为股票投资和债券投资最大的区别是什么？

李彤：我认为股票投资强调个性化，明星效应更明显一些，因为股票投资的天花板非常高。如果投资经理选对一只股票并且股票价格一下子涨了10倍，就能使自己的业绩快速提升，甚至一战成名，这在股票投资中很常见，而且明星投资经理确实需要一些亮眼的业绩做支撑。相反，债券投资的风险收益和股票投资的不一样，投资经理债券选得再好、再厉害，最多就是发债公司到期还款付息，也就是说债券的上行收益是看得见的，然而发债公司一旦违约，与之相对的下行风险非常大。基于这种特性，债券投资需要更多的纪律性和团队协作。此外，债券投资视角更宽。股票投资一般集中在某个区域，比如最近很火的消费类、电子类、科技类公司股票等；而债券投资因为风险收益的不对称性，需要债券投资者有更广阔的视野。从这方面来讲，团队协作在债券投资中非常重要，而且其业绩不仅仅体现在最多能获取多少收益上，更重要的是要控制回撤。正是这些因素导致债券投资和股票投资的不同。

芮萌：你刚才的分享使我想起了华尔街流传的一句话，股票投资者看到的是天空，债券投资者看到的是天花板。不难看出，这两者之间有很大的区别。讲到债券投资，我们自然会想到一家基金公司——太平洋投资管理公司，及其创始人比尔·格罗斯。

你之前在这家公司工作过，能不能介绍一下为什么格罗斯被称为“债券之王”？

李彤：我之前在太平洋投资管理公司工作过几年，那是我职业生涯中非常难忘的几年。因为工作关系，我与格罗斯本人有过近距离接触，所以能切实感受到他的工作风格。我的职业生涯以及对市场的认识因此有了很大的提升。为什么格罗斯被称为“债券之王”？我认为原因在于他做了最有创新性和价值的一件事，他打破了当年债券市场的常规。当时，大家都是把债券持有到期，而格罗斯想到了交易，于是引入了总收益的概念。也就是说，债券的收益不仅可以源于票息，还可以源于交易——通过交易获得资本利得，这就开阔了债券投资者的视野。现在债券市场如此广阔，格罗斯的贡献非常大。

芮萌：格罗斯实现了一个突破。现在美国公募基金中，固收类产品的比重是多少？

李彤：美国公募基金中固收类产品的比重是很大的。

芮萌：中国公募基金中最主要的是货币基金，其次是固收类产品和权益类产品。美国公募基金应该也是差不多的情况，从美国资本市场的存量来看，债券市场的份额远远超过股票市场。你刚才讲到格罗斯实现了创新突破，如果说这是他作为“债券之王”的第一个特点，那还有没有别的特点？

李彤：第二个特点，就是他对投资充满热情，这也是我崇拜他的原因。他 70 多岁的时候仍然兢兢业业，每天清晨就到办公室，可以说他对市场有一种执着。

在投资界，大家往往会认为投资只是一份工作，很多人从事这份工作只是为了养家糊口，但是当你看到格罗斯后就会感觉，投资是他生命的一部分。他的执着，是他能够带领太平洋投资管理公司从加利福尼亚州的一家小公司发展到如今首屈一指的规模的一个原因，更是他成为“债券之王”的关键因素。

芮萌：其实所有的行业大咖都有一个共性，他们除了具备超强的能力，还有对事业的热爱。只有热爱，他们才会每天早上第一个来到办公室，然后最后一个离开。格罗斯的第一个特点是创新，第二个特点是对投资充满热情，还有没有第三个？

李彤：格罗斯的第三个特点是我在太平洋投资管理公司感触最深的。太平洋投资管理公司中有一些明星基金经理，他们都是投资界的明星，但我认为他们只是被推到前台的宣传者，其实该公司最核心的竞争力是它的团队。债券投资者要有更广阔的视野、更快速的反应，因为每一笔交易都不一定能赚很多，所以他们需要不断积累财富，以及持续地快速反应。这就要求整个交易过程有一个很大的平台来支持，并且有很多人从不同的角度来看市场，然后把信息和机会及时反馈给债券投资者。太平洋投资管理公司能有今天的成功，是因为格罗斯当年组建了一支好战且机敏的团队，整支团队虽然不能说是协作严丝合缝，但也是时刻像机器一样在高速运转、高效执行。很多离开该公司的人会发现，自己以前在该公司很容易做的事情，离开后就做不了了。在太平洋投资管理公司，做事离不开团队的支持，而团队不仅包括人，也包括流程和制度。格罗斯能组建这样一支优秀的团队十分了不起，同时也可以说是太平洋投资管理公司成就了他，但他们之间是互相成就的。格罗斯后来由于种种原因不得不离开该公司，之后他就不能再被称为“债券之王”了。

芮萌：学术界也时常关注明星基金经理的业绩稳定性，我们追踪了一些有跳槽经历的明星基金经理后发现，他们的业绩大多数在跳槽后变差了。这让我们联想到，明星基金经理的背后是一支团队在支撑，刚才你提到的意思是，明星基金经理只是一个窗口，他们向大家展示出来的其实是其背后强大的组织。这让我们看到，一家优秀的基金公司不仅要有高光的明星基金经理，其背后团队其实更加重要。你认为投资团队中什么样的组成是比较合理的？团队成员需要具备什么样的知识结构？什么样的投资团队协同效应比较强？

李彤：我认为，第一，团队要有凝聚力，成员要有共同的目标。第二，我在太平洋投资管理公司工作时感触颇深的一点，就是一支优秀的投资团队不应该有太多的等级之分，这是国内很多投资团队需要努力做到的。不能团队领导说利率上涨，成员就跟着说利率上涨，这样的投资团队是走不远的，因为市场不允许有权威，市场是无情的，这就要求整支投资团队中没有太多等级界限，这也是太平洋投资管理公司倡导的一种文化。团队成员需要有自己的见解，而且需要把见解清楚、快速地表达出来，即使是基金经理，也不能把好的想法只贡献给自己的投资组合。太平洋投资管理公司在衡量基金经理的业绩时，不仅会看其投资组合的收益率，还会看其是否对整支投资团队产生了积极的影响，这就是太平洋投资管理公司的文化。这些就是团队精神，再详细一点来说，关于团队的组成，基金经理比团队中其他成员更多地在前沿与客户接触，做一些基金经理应该做的事，比如公关，而且他们的知识面要广，对市场的变化要敏锐。基金经理背后的专业团队更多的是专注于行业研究。所以说到底，投资需要团队的配合。

芮萌：投资需要平等、扁平化的组织架构。

李彤：是的，在市场面前没有权威，没有领导，我认为一支成功的投资团队需要鼓励的氛围。

将 ESG 应用到投资决策中

芮萌：除前所述，投资还需要有知识的广度和深度，这样可以纵横搭配。在当今经济环境下，一个热门话题是 ESG。通常大家是将 ESG 策略用在权益类选股中，目的是将相对较差公司的股票从股票池中剔除。在固收类产品中，你是怎样运用 ESG 策略的？

李彤：ESG策略在固收类产品中可能比在权益类产品中更重要。我们回到前面讨论的固收类产品和权益类产品的区别上，固收类产品最怕的就是踩雷，也就是违约。很多时候，违约债券很多都是ESG问题，而这些问题和公司治理紧密相关。从这个角度来看，ESG在固收类产品的投资选择和研究分类中都是不可忽略的重要因素。

芮萌：ESG投资在国外已经流行了很多年，而在中国才刚刚开始。为什么ESG投资在中国发展比较缓慢？ESG投资在中国发展的主要障碍是什么？

李彤：在中欧基金，ESG存在于我们日常对每一只债券的评估过程中。我认为你刚才的问题可以这样理解，就是为什么在中国ESG投资没有发展出一个正规的流程。很多债券爆雷的根本原因都是造假，对于这类债券，首先要做的就是在公司治理方面对债券发行公司进行筛选，如果发现谁有负面新闻，就要排除它。所以我认为并不是我们没有做ESG投资，而是我们没有把它提到一个高度，或者市场没有一个统一的规范。我相信，不只是中欧基金在做ESG投资，中国的其他许多投资者也在做，大家在投资中最关注的问题也就是这些。

芮萌：关于公司的信用评级，三大评级机构有一个系统化的指标，叫作硬指标，而ESG通常是软指标，其数据为非结构性数据。非结构性数据往往很难获取，而且很难系统化应用。你是怎样把ESG策略，特别是与公司治理有关的ESG策略应用到投资决策中的？比如说，你们有没有一票否决制等？

李彤：这是必须有的。首先，我们评估的不止是公司治理，公司治理属于负面排除，也就是说如果一家公司的公司治理有问题，我们就会排除它。其次，对于环境，我们也是会考虑的，当今社会环保意识越来越强，国家的环境治理力度也越来越大，这和我们每天的投资都息息相关。对于一些污染环境的公司，我们会把它造成的污染程度反映在对其整体风险排查上，所以它的评级在某种程度上会被打折扣。

芮萌：所以，你们内部有一套评级系统，是不是？

李彤：是的，这方面是我们必须做到的，这也是我回国以后感觉到的在国内投资债券和在国外投资的一个很大的区别。在国外，投资债券更多的是参照三大评级公司的评级，当然也会通过内部研究来补充，但是多多少少会有一个参照。在国内，我们遇到的最大的一个挑战是，现在国内很多评级不够细，没有国外那么多级别。做信用债，尤其是一些信用挖掘题材，需要更细化，所以我和我们团队一起在现有基础上不断深化，努力做出一个科学、有逻辑的内评体系。这也是我们每天的日常工作，所以 ESG 在我们内部评级过程中是时刻都要考虑的一个很重要的因素。

芮萌：通常，投资者认为投资固定收益类产品没意思，因为投资股票的年回报率可能达百分之几十，而投资固收类产品的回报率只有百分之几。怎样说服一名普通基金投资者，让他认识到固收类产品在资产组合中扮演了非常重要的角色呢？投资除了要有进攻性资产，还要有防守性资产，你能不能给基金投资者一些忠告？

李彤：我认为随着市场的慢慢成熟，投资者的认识在不断变化。投资固收类产品要从两方面努力，一方面，投资者更加成熟，个人投资者随着年龄的增长或者说风险偏好的降低，在投资组合中不仅要配置可能涨 10 倍、20 倍的产品，还要配置一些固收类产品，但是一般来说个人投资者很难做到这一点，所以需要专业投资者来帮助自己。另一方面，市场需要进一步深化，最近几年固收类产品市场在飞速发展，但目前还是以机构投资者为主。另外，市场品种虽然在不断增加，但是比起国外的还是太少。只有这两方面共同发展，中国固收类产品投资才能得到全面发展，零售业和机构投资者对固收类产品的需求必然存在，而且在不断上升，同时固收类产品的重要性也在不断提高。

突破思维定式，去拥抱时代

芮萌：如果请你从一个专业角度来分析一位企业家，以及他的长期主义和创富精神，你最想谈的企业家是麦当劳的创始人雷蒙·克罗克（Rae Kroc），对不对？

李彤：对的。

芮萌：克罗克为什么会成为你心中的优秀企业家？

李彤：我一直比较关注麦当劳，因为我的孩子特别喜欢吃麦当劳。有一次我们全家去欧洲旅行，在意大利逗留了一段时间，那里的比萨、意大利面都很好吃，但我的孩子看见麦当劳就迈不开腿了，非得吃麦当劳。这让我感觉到麦当劳现在不仅是一家简单的快餐店或者成功的快餐店，它已经渗透到几代人的脑海中，成为美国文化的一个标志。讲到美国文化的标志，一是好莱坞的电影，二是麦当劳，三是可口可乐。一家公司做到麦当劳这种极致程度，真的是很成功的。

芮萌：我们知道麦当劳是麦当劳兄弟创立的，那克罗克是怎样介入麦当劳的创业过程中的？

李彤：这是一个非常有意思、非常神奇的故事，克罗克确实是一位当之无愧的有魄力的企业家。他是一个真正的草根人物。他连高中都没毕业，在 52 岁创立麦当劳，获得麦当劳的特许经营权之前，他一直在不停地从事不同的职业养家糊口，疲于奔命。直到 52 岁这一年，他在卖奶昔制造机的过程中，在加利福尼亚州的一个镇看到了麦当劳的存在。他的难能可贵之处首先在于，他没有放弃，没有因为自己已经 52 岁就放弃创业。其次在于，他拥有敏锐的商业嗅觉，他本来是到麦当劳卖奶昔制造机的，但是他看到麦当劳的商业模式就意识到，能把汉堡包制作做到极致的公司其价值太大了，他一下子就发现了麦当劳的价值。在这之前，美国的快餐并不那么流行，美国人到外面吃饭是吃正餐。快餐的发展跟当时的文化背景相契合，当时是 20 世纪五六十年代，美国发生了一些事情促使快餐业高速发展。我认为一家成功的公司不仅仰赖企业家的敏锐力、魄力，还需要时代的造就，以及顺势而为。美国快餐业的起飞和美国当时社会科技的发展、汽车的普及、流动性的增加等因素息息相关，没有这些就没有今天的麦当劳。

芮萌：这就是为什么大家都认为麦当劳是美国文化的一个代表，因为它确实代表了美国一个时代的崛起和发展。克罗克在 52 岁那年的某一天在加利福尼亚州的一个小镇发现了商机，然后采取行动并获得成功，而一般人在看见一个商机后很少采取行动。克罗克之所以能成功，我认为一是因为他有敏锐性，二是他敢于破釜沉舟。当时他不是很有钱，他是把全部身家，包括他住的房子押进去才买下了麦当劳的特许经营权。麦当劳的业务很清晰，只要知道卖多少钱、原材料多少钱，就能计算出利润。今天麦当劳在全球 100 多个国家开了那么多店，其背后的原因不止卖汉堡包那么简单。

李彤：你说得太对了。我认为当时克罗克被麦当劳所吸引是因为麦当劳兄弟把汉堡包制作流程标准化、统一化，然后把汉堡包的制作与销售做到了极致，而克罗克的贡献在于他把这个商业模式推广开来，开始是在美国，然后扩展到全球，把这一商业模式进一步做到了极致。在整个过程中，他适应了市场的发展，以及世界的变化，所以他才能成功。麦当劳兄弟是把汉堡包的制作做到极致，也就是从 0 到 1，而克罗克对这一商业模式的推广是从 1 到 N。N 不是仅在美国而是在全球，这很不容易，因为很多国家的饮食习惯不是日常吃汉堡包、薯条，也不是天天喝可乐。要培养消费者的饮食习惯，关键其实不在于食物本身。我们可以看一下麦当劳的管理过程。汉堡包的制作有标准化流程，一个汉堡包最多 1 分钟就可以被做出来，克罗克把标准化的流程推广到了所有加盟店。

在加盟店方面，他也在不断探索。实际上，加盟店本身并不能为麦当劳带来很大的利润，因为克罗克的特许经营权卖的价钱并不高，另外他需要分成，但是做汉堡包的利很薄，毕竟快餐也不能卖太高价。当麦当劳按照已有的运营模式扩张不下去时，克罗克开始意识到需要改变盈利模式，这也是他能成为一名成功企业家的重要因素——认准一件事，并坚持做下去，当发现盈利模式需要改变时，就要勇于改变。他最大的也是最成功的一个改变就是，不再靠麦当劳本身以及特许经营权来赚钱，而是把麦当劳作为一个地产企业来经营，现在麦当劳可能已经是全世界最大的地产之一了。在开启这一模式后，克罗克的盈利模式确定了，同时他的控制权也稳定了。另外，克罗克的激励措施很成功，他把所有麦当劳的参与者，比如店主、员工的共同利益绑在一起来制定激励措施。比如，做一些共同的广告，对加盟店主进行培训，并且对原材料的把控非常严格，绝不允许偷工减料。这就确保了麦当劳在美国快速扩张的同时也在世界快速扩张，即使在一些不太接受汉堡包文化的国家，顾客也会相信麦当劳的汉堡包品质，麦当劳的质量控制对客户来说是一种保证，我认为这也是对克罗克的成功来说很重要的一点。

芮萌：所以，餐饮业除了要卖好的食品，更重要的是，还要卖服务，要让顾客有快乐、幸福的感觉，另外要让顾客感觉到质量是有保障的。特许经营并不容易，就像你刚才讲的，特许经营的重点是怎样把各方的利益绑在一起，能够趋同，除了培训、打共同的广告，你认为还有什么机制可以把大家的利益绑在一起？

李彤：我认为另外一个方法是互利共赢，也就是说你赚了钱是大家分的，而且还有一点，就是加盟店如果不按照克罗克的模式做是不会成功的，这也就把大家的利益绑在了一起。麦当劳有很多先河，比如它成立了“麦当劳大学”，现在很多大企业都有“大学”，其中最重要的就是灌输其价值观和理念，同时输出一些技术和知识，这些也是缺一不可的。

芮萌：这种理念的培养扩展到投资上，就是一个行业如果有前景，那么它一定跟时代趋势相匹配。在投资理念上，就像你刚才讲的，一定要顺应市场。比如，现在一个很大的主题是互联网的崛起及应用，如果投资者抓住了这一主题，就一定能获利颇丰。另外，在麦当劳出现之前，大家并不知道快餐业应该是什么模式，所以我认为克罗克还有一个贡献，就是他引导了市场，他告诉消费者可以在麦当劳买到很便宜的汉堡包，干净又方便。所以有时候市场是可以创造出来的，消费者内心有需求，但是他们不知道怎样表达，如果你能提供消费者需要的产品或服务，就会受到他们的欢迎。对此，基金行业也可以借鉴，关于对未来趋势的把握，现在中国基金行业还可以参照发达国家。比如，刚才讲的固收类产品，在分类上可以更加细化，对于国外已经发展了很多年的产品，我们可以借鉴，然后向我们的投资者介绍，如果投资者需要并且有比较好的体验，那么我们就是开发出了一个市场。

其实刚才从麦当劳的发展中凝练的原则也适用于投资。投资需要突破思维定式，还要拥抱时代，两者密不可分。换句话说，就是要有商业敏感性，顺势而为，与时代共同进步。

本文内容分享于 2021 年 5 月 11 日。

教授点评

本期的访谈嘉宾是固收研究总监李彤女士，她曾就职于“债券之王”比尔·格罗斯的太平洋投资管理公司，并亲身接触过这位传奇投资人。与明星基金经理的共事使李彤明白，明星基金经理就像被推到前台的宣传者，而基金公司最核心的竞争力并不是明星基金经理个人，而是他们背后的整支团队。以太平洋投资管理公司团队为例，因为债券投资的每一笔交易都不一定能赚很多钱，因此基金经理需要有更广阔的视野和更快速的反应，以便更快更多地进行交易，这就要求该公司团队像机器一样时刻保持高速运转、高效执行。格罗斯能组建这样一支优秀的团队十分了不起，同时也可以说是太平洋投资管理公司团队成就了他，但他们之间是互相成就的。引申到中国基金行业，为什么有些基金公司能产生很多明星基金经理？普通投资者可能不会关注明星基金经理背后的投资团队，但正是投资团队的研究能力、风控能力、执行能力在投资中起作用，才会有一个个被推向前台的明星基金经理。所以，基金投资者不应该把眼光局限在明星基金经理身上，而应该多关注基金公司层面，观察基金公司是否是一支优秀的团队。

李彤还对麦当劳的克罗克表达了欣赏之情，一位成功的企业家需要有敏锐的眼光，懂得顺应时代。麦当劳的成功和它当时所处的环境分不开，当时美国社会科技的发展、汽车的普及、流动性的增加等因素，都与麦当劳的发展息息相关。

第 15 章

投资者教育，是为了使投资者有更好的体验

> 余科苗，毕业于上海财经大学，曾任天治基金管理有限公司助理研究员，银河基金研究员、基金经理。2021 年 5 月加入中欧基金，现任投资经理。

芮萌：能不能简单介绍一下你的投资经历？

余科苗：我有十多年的基金从业经验，做了 7 年左右的研究，3 年多的投资。我之前在银河基金任职公募基金经理，2021 年 5 月底加入中欧基金权益专户团队，现在负责权益专户的投资。

芮萌：你既有管理公募基金的经验，又有管理专户基金的经验。那么根据你的经验，公募基金经理和专户投资经理有哪些特质上的差异？

余科苗：从投资上来讲，公募基金经理和专户投资经理需要具备的基本特质是类似的，两者都是在基本面研究的基础上，通过对公司价值的判断进行投资，以期获得投资收益，同时通过组合管理，力争为持有人带来更好的投资体验。但是从产品特征上而言，公募基金主要关注对相对收益的考核，而专户产品更侧重于对绝对收益的考核，而且很多专户产品有清盘线，从这个角度来讲，公募基金经理和专户投资经理在做投资决策的时候，思考问题的方式需要有所区别。在我个人看来，公募基金经理在做投资决策的时候，需要更多地考虑组合进攻性的问题；而专户投资经理需要在考虑组合进攻性的同时，提升对风险的重视度，思考组合的防御性，同时需要考虑极端市场环境对产品净值的冲击情况。

芮萌：现在你管理专户基金，你认为自己的投资风格属于哪一类？

余科苗：其实无论是过去管理公募基金，还是现在管理专户基金，我的投资风格一直是均衡偏成长，就是在重点关注成长股的基础上，适当关注一些其他类型的股票，使投资组合更加均衡。这样我们的投资组合在争取进攻性的同时也能较好地控制回撤，给持有人更好的体验。

芮萌：现在你管理的专户基金产品有几个？

余科苗：我目前管理两类专户基金产品，一类是一对一产品，另一类是一对多产品；在策略上，有些是做相对收益的，有些是做绝对收益的。

芮萌：你既管理相对收益产品，又管理绝对收益产品，那么你认为这两种产品在有哪些管理差异？

余科苗：这两种产品的策略有一定的不同。

绝对收益产品在权益仓位的控制上相对灵活，同时往往有止损线，目标是追求绝对收益，所以我们需要根据市场环境进行择时操作，同时配合组合管理，以期在相对较低的回撤下实现产品收益的最大化。

相对收益产品的目标是实现相对于基准的超额收益，产品仓位类似于公募基金，有下限限制。对于这类产品，我们更多的是通过行业配置以及个股选择，争取产品的超额收益，这种产品有点类似于公募基金。

不同的客户有不同的沟通方式

芮萌：无论是管理一对一产品还是一对多产品，都离不开与投资者的沟通，你认为针对这两种产品，与投资者的沟通有没有差异？

余科苗：针对这两种产品，投资经理和投资者在与客户的沟通上是有差异的。

一对一产品的客户主要是机构投资者，投资经理需要直接面对客户进行沟通，主要通过专业语言和投资者沟通市场观点、市场策略、最近操作情况等。

一对多产品针对的更多的是高净值客户，投资经理无法和客户进行直接沟通，而是主要通过渠道来与客户进行对接。针对这类客户可能对金融产品认知不足的问题，投资经理也需要通过相对通俗易懂的语言来向客户展示市场观点、投资策略等。

芮萌：但是通常与这些个人投资者沟通比较困难，因为每个人对投资的认知不一样。个人投资者往往“既要、又要、还要、总要”，希望什么都好，作为专户基金经理，你怎样与他们沟通，进行投资者教育？

余科苗：是的，我觉得我们最终还是需要做到让投资者认识这类产品以及管理该产品的投资经理的投资风格，为投资者做好预期管理。这个过程分为三个步骤。

第一步，我觉得就是需要为投资者做好预期管理，尤其是需要让投资者认识到我们的产品是权益类产品，让他们了解股权产品可能面临的风险。

第二步，是做合适的产品定义，我们在产品发行和运行过程中需要详细介绍管理产品的投资经理的投资风格、能力圈等情况，以便让投资者对所购买的产品有更加清晰的认知。

第三步，就是需要保持和客户的常态化沟通，使投资者了解投资经理的市场观点、投资策略，尤其是在极端市场环境下，这种沟通会更加重要。

芮萌：公募基金面临的压力和专户基金面临的压力是不一样的，后者是更加直接。你能不能分析一下这两种压力？你自己的感受如何？你是怎样应对这些压力的？

余科苗：公募基金经理的大部分客户是散户，所以往往是渠道帮助基金经理去面对这部分客户，一般只有机构客户需要基金经理去直接沟通。所以对公募基金经理而言，压力主要体现自净值的排名上。专户投资经理由于直面客户，所以业绩不佳的时候需要和客户直接沟通，这个压力会相对更加直接。但本质上而言，压力都是一样的，只是两者面对压力的方式不同。

正如我刚才所说，压力的本质来源于业绩，所以面对压力的关键还是需要努力提升投资业绩，同时在此基础上做好与客户的沟通。

在业绩不佳的时候，我们首先需要做的，就是对整体的宏观环境、中观行业景气度进行评估和确认，再对微观的公司基本面进行及时更新，找出业绩不佳的原因，思考自己的投资组合是否需要进行调整，这是最关键的。

其次，我们需要及时和客户或者渠道沟通市场观点、业绩不佳的原因以及后续提升业绩的投资策略等。

芮萌：但是投资者追求的是更高的收益，只有收益更高，投资者的体验才会更好。中国投资者很少有人了解夏普比率，以及应该在单位风险可控的情况下，基于风险约束条件追求更高的收益。那么，投资经理应怎样与投资者沟通，使得投资者更好地理解产品和投资经理的投资风格，从而使投资者有更好的客户体验？

余科苗：我想就两类产品分开回答你的问题。对于一对一的专户产品而言，其客户大部分是机构投资者，如保险公司、银行等，都是相对专业的投资者，他们不仅在乎收益率，也在乎夏普比率，其实很多机构投资者已经在利用夏普比率来选择基金经理和投资经理了。所以对于机构投资者，这不是一个特别大的问题，他们会权衡风险收益比，然后选择合适的产品。

对于一对多产品，整体而言其客户都是高净值客户，持有体验主要取决于产品最终的表现，这类客户看的是持有期内产品的收益、最大回撤等。产品持有期内的收益率是最终展示给客户的一个结果，这就需要投资经理把净值曲线做得更好看，让客户的持有体验更好，同时定期通过渠道来与客户进行沟通。总体而言，就是通过净值曲线和定期沟通，来使客户对产品和投资经理有更加深入的了解。

芮萌： 所以在投资过程中，你慢慢形成了偏稳健的投资风格。

余科苗： 我希望在一定的投资风格下能做到收益的最大化，然后尽量控制好产品的回撤。

芮萌： 那么在这一过程中，有没有哪位投资大师对你的影响很大？

余科苗： 市场上有很多著名的投资大师，其中对我影响大的是彼得·林奇。他特别勤奋，不断寻找股票，同时对很多行业都有深入研究。另外，他对很多公司、行业的判断，在投资应用中的实战性非常强，我认为这对我做投资的影响比较大。

优秀企业家的 4 种特质

芮萌： 选择股票通常是在选择企业的高管或者领导者。你认为中国的优秀企业或者优秀企业家有哪些特质？或者你在选择投资标的时，特别看重哪些特质？

余科苗： 企业家是企业的灵魂，企业家的很多特质会影响企业的中长期发展，所以企业家是我们选择投资标的时最核心的一个因素。在我心中，优秀企业家比较重要的特质有 4 个。

第一个特质是诚信。投资者只有信任企业家，才敢于投资他的企业。企业家的诚信体现在很多方面，比如对客户来说，这个特质会促使企业向客户提供优质的产品和服务；又比如对供应链来说，诚信的企业家能够使企业的整个供应链都获得应有的收益，从而使供应链更加稳定；当然，对投资者而言更是如此，只有诚信的企业家才能使投资者愿意和企业共同成长。

第二个特质是专注。无论是企业家，还是投资经理，长期做一件事情其实非常枯燥，而且富有挑战性。企业家的专注性可以使企业在细分领域做精做专，强化企业的护城河。

第三个特质是富有创新精神。时代是变化的，只有不断创新的企业才能在历史浪潮中越做越大，越来越有竞争力。

第四个特质是包容。作为企业的管理者，企业家需要有包容精神，包容他的员工、客户、供应商等，这样企业才会有更好的氛围，才能更好地发展。

芮萌：你刚才讲了优秀企业家的 4 个特质，一是诚信，二是专注，三是富有创新精神，四是包容。是不是这样的优先次序？

余科苗：客观地讲，没有明确的排序，这些特质都是优秀企业家需要具备的。

芮萌： 在投资过程中，你有没有经历过因投资的企业的高管不诚信而导致投资失败的情况？

余科苗： 其实我在做研究员和投资经理时都经历过这种情况。企业家的诚信度对企业的成长很重要，同时我们对于企业的认知也是逐步提升的。

芮萌： 另外，还有创新，企业要与时俱进。商业模式要创新，技术要创新，但中国企业家中富有创新精神的人不多，你认为原因是什么？他们都希望能选择一些比较安全保守的方式，很多创新都发生在美国硅谷，中国的一些企业只是把美国一些好的经验借用到中国场景中。

余科苗： 我以前研究的是医药行业，我以医药行业这些年的变化来回答你的问题。

在国内的医药行业，以前大部分企业都去做仿制药，因为做创新药周期长、风险大，而仿制药则有丰厚的投资回报；后来国内药品制度改革，一方面集采政策出台，仿制药盈利空间被大幅压缩，同时国家给予了创新药更多的政策支持，如优先评审、快速纳入医保等政策。同时，资本市场的发展对国内创新药也有很大的促进作用，可以看到，最近 3 ～ 5 年，国内创新药得到了快速的发展，同时做创新药的企业家也获得了丰厚的回报。

从这里我们可以看出，企业创新需要国内产业政策的支持，同时也离不开资本市场的助力。

芮萌：你刚才讲到创新药，在中欧国际工商学院校友群里有很多从事医药行业的企业家，他们一开始都是做仿制药，到最后做创新药。很重要的一点是，医药行业创新离不开成熟资本市场的支持，因为这个行业的创新风险很高，创新者要完成一期到三期临床试验。今天中国有了科创板、有了港股，它们对生物制药领域的发展有巨大的促进作用。未来中国企业要创新、要有突破，你认为资本市场中的公募基金或者公募基金中的专户产品，能够扮演什么样的角色？

余科苗：是的，正如你刚才所说的，伴随着科创板的推出，很多没有盈利的企业可以上市融资，其中很多是创新型企业。公募基金和专户产品作为资本市场的重要参与者，同时承载着一定的专业知识，可以通过投资优秀的企业家，真正做创新型企业，给予企业资本支持，让企业更好地进行创新，实现价值。

芮萌：余总简单介绍了公募基金经理和专户投资经理的差异，以及绝对收益产品和相对收益产品的差异，并分析了优秀企业家应该具备的 4 个特质：一是诚信，二是专注，三是富有创新精神，四是包容。

本文内容分享于 2021 年 11 月 1 日。

教授点评

本期的访谈嘉宾中欧基金专户投资经理余科苗先生从压力的角度比较了公募基金经理和专户投资经理的区别，公募基金经理的压力主要来自排名，而专户投资经理的压力更多来自客户，相对而言，专户投资经理与客户沟通的机会更多。个人投资者对基金专户不是很熟悉，基金专户是基金公司向特定客户募集资金或接受特定客户的财产委托，进行证券投资的一种方式，从某种意义上来说，基金专户类似于私募基金，相当于“公募中的私募”，为公募基金跨界发展提供了空间。基金专户的主要魅力在于，投研能力强大的基金公司能够为高净值客户提供定制化服务。基金专户的特点有：首先，往往以绝对收益为目标，注重风险，严格控制回撤，有些基金专户会有明确的清盘线，甚至清盘线高于大多数私募基金；其次，较为灵活的仓位控制，混合类专户投资品种可以覆盖全市场，投资比例在 0 ～ 80%；最后，相比于私募基金，更能体现基金公司的内部监管和投资实力。对于基金专户，基金公司通常有更为严格的内部监管体系，也有更为专业的投研团队作为强大的后盾。因此，基金专户是一种非常值得机构投资者和高净值客户考虑的投资方式。

余科苗还总结了他心目中优秀企业家的 4 个特质，一是诚信，二是专注，三是富有创新精神，四是包容。投资者在投资过程中也可以通过这 4 点来考察一家企业的领导层。

第16章

做投资是没有止境的，必须持续投入

郭睿，毕业于东北财经大学，曾任中国国际金融股份有限公司研究部高级经理。2015年7月加入中欧基金，现任基金经理。

芮萌： 能不能简单介绍一下，你是如何成长为一名优秀的基金经理的？

郭睿： 我的职业发展路径比较简单，投资和研究的相关工作加起来超过10年了。刚入行时，我在一家券商做卖方的研究工作，主要关注消费相关行业，大概工作了5年时间。之后我来到中欧基金做买方的相关工作，现在也有5年多的时间。我的职业发展路径基本是从研究到投资。

基金经理更需要勤奋

芮萌： 从卖方到买方的身份转换中，最大的挑战是什么？

郭睿： 最大的挑战来自要贴近投资。卖方的首要任务是将公司的情况研究清楚，将公司的基本面研究透彻，同时还要生成观点告诉客户，也就是市场上的基金经理，作为他们投资决策的参考。做了买方后，我发现研究和投资之间的距离越来越近，甚至很多时候研究和投资是紧紧结合在一起的，我们一方面要将公司的情况研究清楚，这是最基本的前提，另一方面要用投资的思路思考一些问题。并非所有的优秀公司都是优秀的投资标的，这中间有比较大的差距。这其实就是从卖方到买方，也就是从研究到投资的转变过程中一个比较大的挑战。

芮萌： 你刚才讲到了巴菲特的一个理论，即优秀的公司不一定就是优秀的投资标的，在对标的的研究或者选择中，你是如何贯彻这一理念的？

郭睿： 首先，基金经理要选出优秀的公司，因为长期投资回报的根源在于公司业绩的成长，基金经理赚的是业绩成长的钱。其次，选出优秀公司之后，基金经理怎样判断它是不是一个优秀的标的呢？这就要在不同行业的标的中进行更深入的对比，包括预期收益空间、回撤风险、现有估值等，都要进行全方位的对比。一家公司在当前赛道中可能是非常优秀的，但是和其他公司对比后，可能并不会被基金经理选中。举例来说，在 95 分以上的公司中，基金经理会优中选优，选出99分甚至100分的标的。

芮萌：在你十多年的投资生涯中，哪位投资大师对你的影响很大？

郭睿：我看过很多投资大师的传记和资料，对我影响比较大的是彼得·林奇。从我刚开始做研究到现在做投资，他的很多理念和案例都能让我产生共鸣。在某些方面，可以说我是沿着他的想法或道路前进的。

芮萌：你说林奇的很多理念和案例让你产生共鸣，你可以举三个有关共鸣点的例子吗？

郭睿：第一个共鸣点是使我受益最大的理念，就是勤奋。林奇经常保持高强度工作，他非常勤奋、敬业。

芮萌：我在林奇的传记中看到过，里面提到他在一个月内会调研非常多公司。

郭睿：投资行业内大多数人都是这样的，首先是勤奋。大家在智商上不会有特别大的差距，之所以会有业绩好和业绩平庸的区别，我认为原因就在于是否勤奋。你刚才说到，林奇会调研很多公司，这让我想起以前在卖方公司工作时，我们为了调研一家公司，用半个多月的时间把该公司在全国各地的主要门店都调研了一遍，我们甚至蹲在店门口数入店人数。投资行业的很多人都是“空中飞人”，大家每年如果不乘飞机出差七八十次就会感觉当年的任务没完成。所以，勤奋是非常重要的。另外，勤奋不仅仅体现在大家跑了多少路程、出了多少趟差或者做了多少次调研，还体现在平时的案头工作上。同做研究时一样，做投资时也需要大量的底层数据资料，我们要做数据的收集、分析和整理工作。无论是在全国各地跑还是伏案整理数据，都需要勤奋才能做好。有一句玩笑话是这样的，我们是没有休息时间的，因为开盘时我们要盯盘做交易，收盘后我们要做研究，和大家沟通交流。

芮萌：这有点像学校教授的工作，上课时滔滔不绝，下课后要进行思考并备课。

郭睿：做投资其实是没有止境的，不是说到哪个阶段就可以了，而是要不断地投入时间、精力。如果你能保持高效率，认真做事，那么你的收获一定会越来越丰厚。所以我认为我和林奇之间的第一个共鸣点，是勤奋。

芮萌：有一个关于林奇的故事，就是他做调研就像翻石头，可能要翻 10 块石头才能找到一只小虫子，那只小虫子就是他要选择的标的。除了勤奋这个共鸣点，你和林奇之间还有没有第二个共鸣点？

郭睿：我是做消费品行业的，做的一直是消费品研究和投资工作，林奇有一个理念让我很有共鸣，那就是你至少是喜欢某家公司的商品或者门店，才有可能喜欢这家公司的股票。消费板块的基金经理不能将自己的主观意愿直接简单复制给所有人，毕竟都用基金经理的消费观来做投资是有问题的。但是如果基金经理连自己所分析公司的产品都不喜欢，那他就没有办法说服自己认可该公司产品的价值，又怎么可能会认为这是一家优秀的公司呢？本质上，基金经理买的是公司的业绩，而公司的业绩由产品销量得来。以我之前发生过的一件很有意思的事情为例，有一次我太太买了一个多功能锅，我很诧异，家里已经有多功能锅了，为什么又买了一个。后来她在做饭、吃饭的时候都会跟我说为什么她会买这个锅，有哪些地方打动了她，比如外形、功能、实用性、便捷性等。我在使用这个锅的过程中，也感觉到它和市面上的其他产品差异比较大。于是我就查了查这个多功能锅的生产公司是不是一家上市公司，结果发现真的是，然后我就开始研究这家公司，现在它也是我长期跟踪关注的投资标的。

“沙漠之花”的超额收益机会

芮萌：根据你刚才说的，买入一家消费板块公司的股票，前提是要喜欢该公司的产品，然后再研究公司。这是你与林奇的第二个共鸣点，第三个共鸣点是什么？

郭睿：第三个共鸣点与“沙漠之花”有关。林奇在其投资生涯中涉猎的行业非常多，而且行业的分散度非常大。他能在一些大家认为比较没落或者平庸的行业中选出比较优秀的公司，这一点对我的影响很大。在实际投资过程中，我的行业分散度也很大，因为我认为行业没有好坏之分，不能说某个行业是好行业或某个行业是坏行业，我相信存在即合理。我们最终是要选出阶段性的优秀公司和平庸公司。在当下的资本市场环境下能够上市的公司，一定是在行业里具备一定竞争力的公司。公司经营都有周期和波动，我们会在公司经营好的阶段买入其股票，以争取超额的投资收益。“沙漠之花”同样是花，我们不能因为它长在沙漠里就摒弃它。

芮萌：但是如今投资的一个趋势好像就是跟风选赛道，认为选好赛道比选好股票更加重要。基于你的经历，为什么你会认为“沙漠之花”即使在一个不起眼的行业、不起眼的赛道中，也能有非常亮眼的业绩？

郭睿：每个基金经理都有各自的投资方法，一些基金经理可能会先从行业的角度，比如商业模式、商业壁垒甚至景气度等进行筛选。我认为，行业的增速总是会有波动的，我们不可能根据短期的行业波动来选择投资方向，那和“追涨杀跌”、跟风操作没有区别，会是一件非常累的事情。基金经理的专业性不应该体现在这里，而应该体现在对公司的选择上，为什么“沙漠之花”也是一个非常好的标的？因为虽然它生长在非常贫瘠的土壤里，在环境恶劣的情况下，但它依然能“开花”，这说明这种公司的经营和产品质量有保证，生命力顽强。而且，茫茫沙漠已经帮我们淘汰了很多公司，因为沙漠本身就是非常艰难的生存环境，我们在幸存的公司里做选择，选中优秀公司的概率就会大一点。不过，这并不意味着我们就不会去看江南沃土，我们也会去看，同时也要优中选优，如此就可以帮助我们在每一个行业里，在投资理念和投资框架上精选最好的公司。最后，我们会把选中的最好的那些公司相互比较，再次优中选优，我相信最终被选中的公司会有更大的概率取得不错的投资收益。

芮萌：但是也有人说，投资过于分散的行业不太专一，因为一个人的精力、时间有限，所以投资应该聚焦于某一个细分领域，然后做深入研究。你怎样看待这个观点？

郭睿：这个观点没有错，但问题在于对细分领域的定义，即我们怎样框定聚焦的范围。所以从业到现在，我做的都是与消费品相关的研究和投资，未来我也没有计划转型或者从事其他行业，我会聚焦于大消费行业，努力深入下去。为什么我们在消费品领域不聚焦于某一两个行业？原因有两个，一是，中国的消费品市场非常广阔，有超过 14 亿消费者，细分领域有衣食住行、文娱等，每个赛道里都有非常大的行业空间。二是，很多消费品背后的逻辑是相通的，这也是为什么我在卖方工作时，只看一两个行业并做得很聚焦、很深入，而在做买方工作后，能用很短的时间覆盖其他行业。我们要做的是找到行业与行业之间在投资研究上的共同点，当我们把一个行业研究透彻后，再去研究别的行业，其实是对自身经验和能力的复制和输出。不同行业可能会有细微的差别，我们会通过来自不同行业的新的反馈，找到一些新的差异点，然后再来完善自己的研究方法和理论。我们在很聚焦、很专注地把这件事做好，同时依然能在大消费领域扩展自己的能力圈，这是相辅相成的两件事。

消费品的痛点

芮萌：一说到消费品，有人马上会联想到白酒、饮料等品类。在你看来，消费品的概念非常宽泛，但可以看出你可以有一个通用的方法论。那么，你认为消费品背后的共同点是什么？

郭睿：关于消费的本质，其实两句话就可以说清楚，第一句话是供给和需求的匹配度如何，消费本身是为了解决人们自身需求的，你有没有好的供给来匹配消费者的需求？第二句话是，好的消费品一定是能解决消费者的痛点的。痛点是一个很有意思的词，每个消费者的痛点都不一样，并且消费者表达出来的和他实际的痛点不一定一样。我之前看到过一个关于某企业家的案例，该企业家回家比较晚，他太太抱怨他为什么回家这么晚，企业家说自己以后每天下班按时回家。但实际上，他太太一样会抱怨，抱怨他为什么回来那么早。所以他太太的痛点其实不在于他回家早晚，后来这位企业家回家后经常和太太聊天，关心她，给她带小礼物，于是即便他回来再晚，他太太也没有再抱怨过。所以，有时候消费者表达出来的和他实际的痛点是不一样的，供给、需求以及解决痛点三者紧密联系，公司如果找到了消费者真正的痛点，就可以复制上面的逻辑去行动。更具体地，由于每个行业、每家公司的基因、能力不同，所以它们在怎样做产品、渠道上会有一定差异，但是如果按照这样的思路去做，就有很大的可能做到简单复制。

芮萌：所以，你的意思是消费品市场最大的痛点，就是如何让消费者感到他们是受到公司关注的。

郭睿：这两年我们经常提到的词是“国货崛起”或者“国潮”。以前，国内消费品公司因为各种原因，如管理层的主观意愿、当时落后的科技水平等，对消费者的关注度不够，不知道消费者需要什么，导致消费品的生产公司、销售渠道与消费者是完全割裂的。现在很多公司开始借助大数据工具与消费者沟通互动，这些公司的管理层已经意识到，消费者需要的才是公司努力的方向。公司对消费者进行画像，然后进行分析，不断深挖消费者的需求。令我印象很深的是，以前一家服装公司的老板在和我们一起调研时与我开玩笑说：“你放心吧，我们下一季的产品一定会卖得很好。”我说：“为什么？”他开玩笑说：“因为我请了一位很有名的意大利设计师。”当时我问他：“你请的设计师懂中国的消费者吗？他设计的产品真的符合中国大众的需求吗？”从设计师到消费者，这中间一定是有很大的割裂的。现在很多公司会将设计师和一些社会资源结合起来，比如我个人爱好设计，那公司就可以把资源平台对接给我，资源平台可以把我的设计成果落地变成商品，满足了我设计的愿望。但同时我会被要求在消费者画像框架里设计，也就是说，在规则之内可以自由发挥，但最终成果要能满足消费者的需求。在这样的方式下，越来越多的消费者对国内品牌的信任度越来越高。这些年来，海外品牌在国内的市场占有率在持续下降，甚至有些外资公司已经在逐步退出中国市场，它们的份额大多是被国内公司取代了。

芮萌：所以，公司的产品要让消费者满意。刚才你提到需求和供给的匹配度，有人说这是需求问题，也有人说这是供给问题。根据你刚才的分析，这其实是供给问题，如果公司产生了有效供给，那么需求就不是问题。

郭睿：过去，比如一二十年以前，中国的消费者收入水平、经济发展情况会制约消费者的一些消费需求，但是现在中国的经济、国民收入水平以及生活质量已经越来越好。我们和很多公司有一个共识，即现在国内消费者的生活已经不那么紧张了，在很多消费领域，中国消费者有钱而且愿意支付相对高的价格，即愿意支付溢价。中国消费者不再只看价格，不再认为价格便宜就值得购买。但这要求公司要做得更好，因为随着互联网的发展，信息不对称被打破，信息的透明度越来越高。

芮萌：原来公司靠信息不对称赚钱，现在消费者越来越有钱，同时也越来越理性，如果谁的产品真的好，那他就会发现自己的产品成为爆品的概率和速度都在显著提升。在这样的情况下，我认为目前的关键点，在于国内的消费品公司能否尽最大可能在最大范围内制造出性价比高的产品，来满足消费者的需求——追求美好生活的需求。

以客户为中心

芮萌：巴菲特有一句名言，意思是投资股票其实是投资背后的企业，更准确地说就是投资企业家。你在投资行业已经工作了十多年，肯定与很多企业家见过面，你认为优秀的企业家有哪些共性？

郭睿：因为我是投资消费品行业的，所以我就讲一讲我接触的消费品行业的优秀企业家的共性。他们最显著的一个共性是，把消费者放在首要位置。

芮萌：这就是以客户为中心？

郭睿：是的，优秀企业家总是以客户为中心。他们总是想尽一切办法洞察并解决客户的需求，使自己的产品能够匹配消费者的日常所需及所想。

芮萌：如果能满足客户的需求，就能提升客户的体验，提升进而增强客户的黏性，所以还会带来复购。现在新零售强调的就是复购率。在消费品行业，有没有哪位企业家特别打动你，或者说让你认为他身上闪耀着优秀企业家的光芒？

郭睿：在调研的过程中，有很多优秀的企业家对我的触动和影响巨大。我想介绍其中一位。这位企业家的企业是做速冻食品的，他是企业董事长。一讲到速冻食品，人们的第一反应往往是觉得“不高级”，速冻食品被当成方便面的同类，其方便的属性比较重。这家企业颠覆了人们对速冻食品的传统观念，使人们认识到速冻食品的好处——速冻是一种保鲜方式，在日常生活中各种各样的场合都可以用到速冻食品，很方便而且高度保鲜。后来这家公司成为高度保鲜和便捷的代名词，它对行业观念的这种颠覆，对我的触动非常大。

芮萌：我每年都会带中欧国际工商学院企业班的同学去日本参观访问，我印象最深的是，日本的便利店 7-Eleven 里最多的就是速冻食品。这是为什么？因为日本的人口老龄化、家庭小型化程度高，速冻食品很方便，所以成为日本大众的一种必需品。

郭睿：其实最近几年这种趋势在国内也越来越明显。现在的年轻人，比如“90 后”“00 后”，其实很多都不会做饭。我们父母那一辈可能都有不错的厨艺，但是我们这一辈很少有人会做饭，很多人开玩笑说，我们的厨艺靠的是厨具、速冻食品、预制菜肴以及调味料，我们用的酱油都会有海鲜酱油、烧烤酱油等很细的品类。所以我们的厨艺是依托于这种半成品的，无论是自己用餐，还是家庭用餐，都是为了便捷，节省时间。因为大家工作都很忙，如果有朋友来家里做客，我们就可以购买半成品，然后做初步加工，并且还可以摆盘，这样很有仪式感。

芮萌：所以慢慢就有了中央厨房的概念，中央厨房可以取代千家万户的厨房，因为大家的时间宝贵，能用来做饭的时间很少。以前我们要用一下午的时间来招待客人，现在我们只要去超市买一些喜欢的食品回来，在微波炉里加热，然后摆盘，就可以招待客人了。其实这代表着中国新一代消费者消费理念的改变。速冻食品行业不是一个低级行业，而是一个代表未来的行业。

郭睿：速冻食品行业完全契合了现代消费者的需求，它的发展符合社会发展趋势。消费品行业最重要的成功秘诀是，满足消费者的需求，而不是教育消费者。“顾客就是上帝”，你不能说顾客的消费习惯、消费观念是错的，你只能尽力满足他们的需求。我认为这是一位优秀企业家应该洞察到的关键点。

速食时代的布局

芮萌：速冻食品行业未来有什么发展趋势？

郭睿：速冻食品行业未来会呈现品类多样化的趋势，菜系丰富度也会越来越高。早期的速冻食品大家都很熟悉，比如汤圆、水饺，后来有了馒头、油条、面条等，这些都是主食类，再后来出现了肉丸、鱼丸、虾滑等，火锅和冒菜里的很多食材其实都是速冻的。再后来速冻食品的品类更复杂了一些，出现了菜肴，比如宫保鸡丁、梅菜扣肉，这些菜肴都是已经做好了的，简单加热之后就会变成一道成品菜。它们和现做出来的菜肴差异很小，我认为未来速冻食品行业一定会往这个方向发展。现在速冻食品行业还出现了速冻面包、速冻糕点等。速冻作为一种保鲜方式，有利于保存食材的营养，以及提升食材的丰富度。

芮萌：食品讲究色香味俱全，要达到这样的要求，速冻食品对服务半径是不是有要求？

郭睿：速冻食品对服务半径有非常明确的要求。速冻食品一定要通过冷链运输，但是即使在目前这么发达的物流体系下，冷链运输的成本也是非常高的。我刚才提到的那位企业家，在行业里率先推行跨区域扩厂、跨区域建厂、跨区域建立研发实验室，他在全国几个主要省份都有非常大的工厂，而且还在持续投放。他为什么做这些事情？一方面是因为成本问题，即服务半径、运输成本等。另一方面是因为，中国地大物博，每一个区域的饮食都有当地的特色，饮食习惯不一样，不可能用一两款总部研发的产品去打天下，这一定会有问题。为了方便结合当地市场，与当地消费者走得更近，这位企业家才跨区域扩厂、建厂、建立研发实验室。有些食品可以标准化，然后在全国投放，但是有些食品，比如只有当地人喜欢的小吃，其速冻产品的市场主要在当地。所以，这位企业家的做法其实是全面围绕消费者，包括消费者的体验，以及成本，公司的成本最后一定会转嫁给消费者，由消费者来买单，而公司则全方位地满足消费者的个性化需求。

芮萌：这种跨区域的布局，从商业逻辑角度来说，成本是不是太高了？这位企业家完全可以研发一个产品然后委托当地食品加工厂来生产，你有没有看到这样的趋势？

郭睿：我认为这一趋势是比较难实现的。虽然说专业的人做专业的事，但是很多食品生产企业的专业能力是生产和制造，而不是塑造品牌和营销推广。这位企业家的公司为什么能领先整个行业？在这家公司之前其实也有一些公司做速冻食品，但这家公司后来者居上，超越了以前规模比较大的公司，原因就在于，它很注重食材的研发，以及加工产业链，其设备是和国外的设备制造商共同研发出来的，成本非常低，设备每年的折旧费比同行低很多。这位企业家把所有精力放在了怎样做好产品上，因此无论是设备还是研发，他都非常重视。

我们的调研中有一个很好的案例。这位企业家非常喜欢吃酸菜豆角包，但后来这款产品的销量达到一定规模后就上不去了，也就是说，全国喜欢吃酸菜豆角包的消费者可能就这么多。作为公司董事长，只要他爱吃，就可以让公司继续生产，但最后公司依然将这款产品砍掉了，因为产品研发人员经过分析后认为，这款产品发展空间有限。消费品公司做大后就会有规模效应，公司规模越大，采购成本、生产成本、研发成本就会越多。很多公司不选择外包，就是因为外包很分散，会使公司没有规模效应上的整合。我对砍掉酸菜豆角包这件事很诧异，这位企业家解释说，生产和研发人员讨论之后认为，在同样的产能下，生产其他产品，销量增长会更快，公司效益会更好，于是他就把这款产品砍掉了。

芮萌：这家公司专注于研发。研发很重要，同时销售也很重要。在销售方面，这家公司有什么秘诀或闪光点吗？

郭睿：从销售模式上来讲，这家公司采用的是 To B 模式，它通过很多经销商对接餐饮店等。很多做速冻食品的公司是靠近商超的，商超直接面向终端消费者，这就要求公司有很高的品牌认知度，如果没有，就需要投入大量广告费去打造。另外，商超渠道的费用比较高，因为本质上商超也为公司的产品做了背书，这其中有商超自己的成本。这就导致很多公司一开始的重心被绑偏，它们会把很多资源投入营销和渠道上。这家公司为什么采用 To B 模式呢？因为在 To B 模式下，客户更加看重产品的品质，如此一来，这家公司的优势能够完全发挥出来。之后在有了一定体量和品牌认知度后，它开始采用 To C 模式，精细化包装，并采用了一些更容易保鲜的技术。在 To B 模式下，公司只要把产品送到商超店里就可以，但是在 To C 模式下，还要考虑"最后一公里"的体验度。在已有的品牌效应的基础上，这家公司很快实现了 To C 平台的建设。所以它在路径选择上，其实是把自己的优势快速扩大，然后改变自己的销售模式，丰富自己的销售渠道，这是一个经典案例。

芮萌：刚才我们聊了很多行业的生产技术等，这位企业家本身还有什么打动你的地方？

郭睿：这位企业家有一个比较有意思的地方，那就是在做调研时，有一半或者一多半的时间，是我们在向他请教。在剩下的时间里，他会让我们和他讲一讲其他消费品行业或者食品饮料行业，甚至其他行业里我们认为不错的公司，他会问我们一些问题，而且我们发现他对行业的涉猎广度超乎想象。很多企业家在他们所在的领域是专家，但对于别的行业，就没有那么熟悉了，这就是隔行如隔山。这位企业家对很多公司都有一定的了解，这说明他在不断学习新知识、新科技。拥有这样的积淀，和他的履历有关系，这使他和资本的联动比较密切，而资本总是逐利的，善于抓住最新的事物，所以他就养成这样一个习惯，即学习新事物。学习了这些新事物，比如，新的信息系统、新的技术，他就会应用到企业经营上，所以他的涉猎越来越广，其公司的发展越来越快。

芮萌：所以，这位企业家的学习能力非常强。当下最热门的一个词是数字化转型，那么一个速冻食品行业怎样进行数字化转型？数字化怎样为它赋能？

郭睿：这家公司是速冻食品行业率先应用数字化和信息系统的公司。当时这位企业家和我谈到了数字化，这让我很诧异，因为先不提落地的情况，其他消费行业相比于速冻食品行业，早都已经进行数字化好几年了。这位企业家表示速冻食品行业在数字化方面要弱一些，这和销售渠道里的从业人员有关，因为该行业的商业模式在大家看来不需要数字化。但是后来这家公司做了一个数字化平台，当时主要是对内的，包括经销商。很多经销商使用该平台后都认为它很好用，对他们日常的经营管理有很大的帮助。一些经销商往往不是只经销一家公司的产品，而是同时经销行业里多家公司的产品。

芮萌：那这家公司不是做活雷锋了吗？

郭睿：一些经销商表示想把其他公司的产品、库存、数据等放在这个平台上，这家公司就为经销商开发了一个系统，而且系统的底层数据只有经销商自己可以看到，在架构上直接做了封闭，也就是说经销商不用担心这家公司窃取自己的商业机密，即销售数据。然后很多经销商与平台的捆绑越来越紧，这样这家公司的数字化效率得到提升，而且与经销商的联系越来越紧密。另外，经销商在看完平台上的数据后发现，这家公司的产品销售数据和竞品的销售数据的差距显而易见。然后，越来越多的资源开始倾斜到这家公司的产品上，很多经销商表示货不够卖，产能比较紧张，但这位企业家其实每年都在不断扩大生产规模。这样的趋势就是，永远是需求在拽着这家公司往前走。我认为这一点给我的印象也特别深刻。

芮萌：好的，谢谢郭总详细介绍了速冻食品行业，并讲述了一位优秀企业家的故事，让我们看到，这位企业家虽然在一个看上去不起眼的行业，但是同样可以为投资者创造价值，满足消费者的需求。他身上有着勤奋好学、精益专研以及时刻以客户为中心的诸多特质，同时他还有一颗利他的心。其实真正的利他也是利己。

本文内容分享于 2021 年 7 月 1 日。

教授点评

本期的访谈嘉宾基金经理郭睿先生提到了一个撇开热门赛道寻找“沙漠之花”的投资思路，让我们感受到投资成功的路径并不唯一。“沙漠之花”最早由传奇投资大师彼得·林奇提出，指在冷门行业内发掘出的优秀公司，林奇对班达格公司（Bandag）的投资就是这方面的经典案例。班达格公司从事旧轮胎翻新业务，这显然不是什么热门赛道，公司鲜有人问津，然而林奇发现当时美国每年轮胎翻新的需求约为 1 200 万个，而班达格公司的市场份额有 500 万个，并且其盈利持续增长，股息也持续提高，是不折不扣的“沙漠之花”。找到这一朵“沙漠之花”的林奇自然也赚得盆满钵满。不可否认，在成长性高、前景好的行业或者赛道里的公司更容易获得好业绩，但这并不意味着只有热门的行业才能诞生好公司。相反，很多优秀的牛股都出现在增长缓慢的行业。投资者对于低增长的行业普遍怀有偏见，然而事实上，一些冷门行业或者夕阳行业由于需求稳定，增速很低，因此经营不善的弱者一个接一个地被淘汰出局，但一些优秀公司能够凭借自身的技术壁垒、管理能力等优势，不断地获取更大的市场份额，成为一家高增长性公司。

以投资消费品行业为主的郭睿，以一家速冻食品公司的董事长为例，介绍了消费品行业优秀企业家的共性：首先是以客户为中心，把消费者放在首要位置。其次是养成学习的习惯，不断学习新事物，并将学习成果应用到公司运营中，进而推动公司的数字化转型和技术迭代。

结 语

长期与专业，公募基金高质量发展的基石

通过与中欧基金的高管和基金经理们的深入访谈，我们可以发现长期与专业才是公募基金高质量发展的基石，同时也是在时间的长河中对抗风险、力争超额收益的不二法宝。在资本管理新规的引导下，作为公认最透明的资产管理行业，公募基金的发展已经驶入良性向上的轨道，逐渐回归本源。依靠强大的投研能力和完善的风险控制体系，公募基金在权益类资产上的配置优势将更加突显，这对于缓解我国人口老龄化程度持续加深所带来的养老压力意义重大。

国家统计局最新的数据显示，在年龄结构方面，我国 60 岁及以上人口占总人口比例达 18.9%，而 65 岁及以上的老龄人口首次突破 2 亿人，占总人口比例达到 14.2%。这意味着我国进入中度老龄化社会与快速老龄化阶段，因此“发展多层次、多支柱

的养老保险体系”，积极应对“未富先老”局面，将处于我国养老金措施的最高优先级。

1994 年，世界银行在其发布的《防止老龄危机：保护老年人及促进增长的政策》中首次提出养老金三支柱的概念：第一支柱是公共养老金计划，如日本政府养老投资基金（GPIF）；第二支柱是职业养老保险计划，如加拿大合并注册退休金计划（Pooled Registered Pension Plan，PRPP）；第三支柱是个人储蓄养老金计划，如美国个人退休账户（Individual Retirement Account，IRA）。经过制度的不断完善，我国也初步建立起包括公共养老金（第一支柱）、职业养老金（第二支柱）、个人税延养老金（第三支柱）在内的养老保障体系（如图 17-1 所示）。①

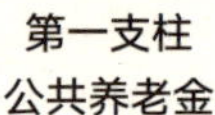

图 17-1　养老金三支柱体系

资料来源：中国养老金融 50 人论坛。

---

① 兴业证券 . 养老金第三支柱的国际比较研究：海外资金深度研究六 [EB/OL].（2021-1-20）.

随着人口老龄化的加速，我国养老金第一支柱面临沉重的支付压力，第二支柱的发展则相对缓慢，因而第三支柱“个人账户”的发展被寄予厚望。中国人民银行发布的《中国金融稳定报告（2021）》中也提出，要“满足不同群体需求，有序扩大第三支柱投资的产品范围，将符合规定的银行理财、储蓄存款、商业养老保险、公募基金等金融产品都纳入第三支柱投资范围”。从国际经验来看，基金与保险是发达国家养老金第三支柱的主要形式，公募基金以其市场化程度高、专业能力强、产品差异化大的特性在海外养老金第三支柱中扮演重要角色，是个人养老金的主要投向，其中税收优惠、“长期锁定”原则等起到了关键作用。个人投资者的长期投资为资本市场注入了稳定的资金，也间接地参与了实体经济的创新和长足发展。

除了是养老体系的需求，一直以来个人投资者都是公募基金市场的重要参与者，居民收入积累和资产配置迁移成为公募基金市场主要增量资金的来源，而公募基金普惠金融的特性也更加明显。中国证券投资基金业协会发布的《全国公募基金市场投资者状况调查报告（2020 年度）》显示（如图 17-2 所示），个人投资者投资公募基金的主要资金来源为“从存款转入”“新增收入”，分别有 76.3% 和 74.5% 的投资者符合此选项。关于公募基金类型，70% 以上接受调查的个人投资者选择股票型基金作为主要投资品种，54.8% 的选择混合型基金，而选择债券型基金（不含指数基金）、指数基金（不含 ETF）、货币市场基金（Money Market Fund，MMF）的人数占比分别为 43.9%、40.6% 和 22.9%。总体来看，个人投资者更倾向于选择股票型基金和混合型基金。

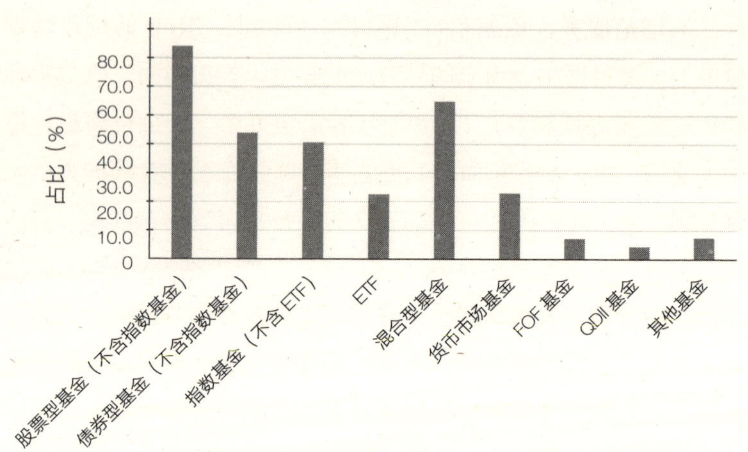

图 17-2　接受调查的个人投资者选择投资的公募基金品种类型

资料来源：中国证券投资基金业协会发布的《全国公募基金市场投资者状况调查报告（2020年度）》。

未来，金融资产在居民资产配置结构中的占比将进一步增大。为了满足居民多资产配置和风险控制的需求，推动资本市场更有效率地发展，在笔者看来最为关键的一点是帮助广大投资者厘清财富管理与资产管理的界限，区分两者的职能。

长期以来，很多人把财富管理错误地理解为资产管理，而忽视了财富管理的核心逻辑——资产配置，从而导致财富结构与收益目标、风险偏好和生命周期不匹配。资产管理的关注重点在于“资产”，对应的是资产端，其职能偏重资产定价、策略开发和投资组合管理；而财富管理则重点关注“人”，对应的是客户端，主要根据客户的风险画像和风险承受能力提供符合其预期收益的产品和增值服务，更偏重资产配置。可以说，To B 的资产管理更像一位专科医生，追求的是专业的深度，能力越强，收益管理和风险控制表现越好；To C 的财富管理更像一位全科医生，追求专业的广度，从投资者的实际需求出发给出科学合理的资产配置规划。

财富管理主要包括两种模式，卖方销售和买方投顾。在卖方销售模式下，机构多数扮演的是销售角色，主要负责向客户推荐金融产品，在服务结束后从资产管理公司获取佣金分成。这种模式的弊端在于，机构偏向于推荐高佣金的产品，而对产品是否符合个人投资者的风险偏好并不关心，反而会为了交易量顺应投资者“追涨杀跌”的行为。买方投顾模式本质上则以客户为中心，其内在驱动是基于保有量的收入模式，通过与投资者建立长期的信任关系，从而使资金在未来持续流入。

对于个人投资者来说，随着投资经验的累积，他们对风险收益匹配、产品适配、长期持有理念的认可度虽不断提高，但在实践中仍然存在行为与投资认知相背离的情况，但这种情况会随着资本市场的良性发展而改善，越来越多的投资者会认可“以客户为中心”的买方投顾模式。

对公募基金行业来说，全权委托的买方投顾模式有利于差异化布局的实现，在定制化产品和服务方面赋予了基金公司更广阔的空间，而数字化赋能下的精细化服务可以吸引很大一部分基金代销客户群体。买方投顾模式的发展正好顺应了未来公募基金行业以基金持有人利益为核心的趋势，促使投资者、投资顾问和基金公司的利益趋于一致，直击“基金收益高但基民不赚钱”现象背后的 KPI 痛点，助力投资者实现更好的财富管理。

中国已经成为全球第二大财富管理市场，未来养老金第三支柱的长期稳健发展，以及个人投资者的多元化资产配置都需要公募基金的助力，而长期与专业是基金公司构筑其核心竞争力的关键所在。作为信托关系落实最充分的资产管理行业，公募基金的发展要始终坚持以人为本，并依靠综合性的一体化平台不断为基金经理和分析师赋能，通过战略、组织、领导力架构和投资理念的实践，推动标准化、精益化的产品和服务的发展。

基金有风险，投资需谨慎。

本书所涉及的数据和观点是作者基于万得资讯的数据或其他已公开信息撰写，但不保证该等信息的准确性和完整性。以上内容仅供参考，不预示未来表现，也不作为任何投资建议。其中的观点和预测仅代表当时观点，今后可能发生改变。未经同意请勿引用或转载。

基金管理人承诺以诚实信用、勤勉尽责的原则管理和运用基金资产，但不保证本基金一定盈利，也不保证最低收益。基金的过往业绩并不预示其未来表现，基金管理人管理的其他基金的业绩并不构成基金业绩表现的保证。您在做出投资决策之前，请仔细阅读基金合同、基金招募说明书和基金产品资料概要等产品法律文件和风险揭示书，充分认识本基金的风险收益特征和产品特性，认真考虑本基金存在的各项风险因素，并根据自身的投资目的、投资期限、投资经验、资产状况等因素充分考虑自身的风险承受能力，在了解产品情况及销售适当性意见的基础上，理性判断并谨慎做出投资决策。

投资者应充分了解基金定期定额投资和零存整取等储蓄方式的区别。定期定额投资是引导投资者进行长期投资、平均投资成本的一种简单易行的投资方式。但是定期定额投资并不能规避基金投资所固有的风险，不能保证投资者获取收益，也不是替代储蓄的等效理财方式。

产品“养老”的名称不代表收益保障或其他任何形式的收益承诺，产品不保本，可能发生亏损。请您仔细阅读专门风险揭示书，确认了解产品特征。

未来，属于终身学习者

我这辈子遇到的聪明人（来自各行各业的聪明人）没有不每天阅读的——没有，一个都没有。巴菲特读书之多，我读书之多，可能会让你感到吃惊。孩子们都笑话我。他们觉得我是一本长了两条腿的书。

——查理·芒格

互联网改变了信息连接的方式；指数型技术在迅速颠覆着现有的商业世界；人工智能已经开始抢占人类的工作岗位……

未来，到底需要什么样的人才？

改变命运唯一的策略是你要变成终身学习者。未来世界将不再需要单一的技能型人才，而是需要具备完善的知识结构、极强逻辑思考力和高感知力的复合型人才。优秀的人往往通过阅读建立足够强大的抽象思维能力，获得异于众人的思考和整合能力。未来，将属于终身学习者！而阅读必定和终身学习形影不离。

很多人读书，追求的是干货，寻求的是立刻行之有效的解决方案。其实这是一种留在舒适区的阅读方法。在这个充满不确定性的年代，答案不会简单地出现在书里，因为生活根本就没有标准确切的答案，你也不能期望过去的经验能解决未来的问题。

而真正的阅读，应该在书中与智者同行思考，借他们的视角看到世界的多元性，提出比答案更重要的好问题，在不确定的时代中领先起跑。

湛庐阅读 App：与最聪明的人共同进化

有人常常把成本支出的焦点放在书价上，把读完一本书当作阅读的终结。其实不然。

时间是读者付出的最大阅读成本

怎么读是读者面临的最大阅读障碍

“读书破万卷”不仅仅在“万”，更重要的是在“破”！

现在，我们构建了全新的“湛庐阅读”App。它将成为你“破万卷”的新居所。在这里：

- 不用考虑读什么，你可以便捷找到纸书、电子书、有声书和各种声音产品；
- 你可以学会怎么读，你将发现集泛读、通读、精读于一体的阅读解决方案；
- 你会与作者、译者、专家、推荐人和阅读教练相遇，他们是优质思想的发源地；
- 你会与优秀的读者和终身学习者为伍，他们对阅读和学习有着持久的热情和源源不绝的内驱力。

图书在版编目（CIP）数据

长期的基石／芮萌著．-- 北京：中国财政经济出版社，2022.7

ISBN 978-7-5223-1443-3

Ⅰ．①长…　Ⅱ．①芮…　Ⅲ．①资本市场－研究－中国　Ⅳ．①F832.5

中国版本图书馆CIP数据核字（2022）第085296号

责任编辑：张　莹　　责任校对：胡永立
封面设计：张永辉　　责任印制：张　健

长期的基石
CHANGQI DE JISHI

中国财政经济出版社 出版
URL：http://www.cfeph.cn
E-mail:cfeph@cfemg.cn

社址：北京市海淀区阜成路甲28号　　邮政编码：100142
营销中心电话：010-88191522
天猫网店：中国财政经济出版社旗舰店
网址：https：//zgczjjcbs.tmall.com
唐山富达印务有限公司印装　　各地新华书店经销
成品尺寸：147mm×210mm　32开　9.125印张　203 000字
2022年7月第1版　2022年7月河北第1次印刷
定价：99.90元
ISBN 978-7-5223-1443-3
（图书出现印装问题，本社负责调换，电话：010-88190548）
本社图书质量投诉电话：010-88190744
打击盗版举报热线：010-88191661　QQ：2242791300